자기 성장을 위한
마음챙김-자비 프로그램(MLCP)

멈추고, 느끼고, 사랑하라

조현주 · 노승혜 · 류석진 · 이현예 · 정현희 공저

학지사

들어가는 말

　심리학을 공부하면서 가장 좋았던 점은 내 마음을 이해하게 되면서 괴로움이 줄어들고 행복해졌다는 것이다. 내 마음이 행복해지니 다른 사람의 마음도 제대로 보이기 시작했고, 그래서 이전보다 조금 더 다른 사람을 배려할 수 있게 된 것 같다. 과학적 심리학은 젊은 날 감정적 소요가 컸던 나에게 이성적 사고를 배양해 주었고, 그 덕분에 감정과 이성의 균형을 찾게 되면서 마음이 가벼워졌다. 그러나 세월과 함께 과학적 심리학에 길들여지면서 나도 모르게 감성이 메말라 가고 있었다. 그즈음 학문적으로는 마음챙김 기반 심리치료에 관심이 있었기에 다른 세계라고 여겼던 명상에 대해 자연스러운 호기심이 일었다. 그리고 명상 경험을 통해 이성적 지식이 아닌 경험적 통찰과 지혜로 몸과 마음을 이해하게 되면서 마음이 유연해지고 풍요로워지는 것을 느꼈다. 이 행복한 경험을 상담 및 심리치료에 첫발을 내딛기 두려워하는 제자들과 공유

하고 싶었기에 마음챙김-자비 프로그램(Mindful Lovingkindness-Compassion Program: MLCP)을 만들게 되었다. 이제 MLCP를 만들게 된 계기와 의도를 설명하고, 이 프로그램의 특징, 활용 방안 그리고 당부할 말에 대해 이야기하고자 한다.

나는 임상심리전문가로서 영남대학교 심리학과에 부임한 이후 상담심리전공 대학원생들을 지도하게 되었고, 임상심리전문가의 과학자-실천가의 모델에 근거하여 상담 교육을 실시하였다. 대학원에서 학생들은 과학적 심리학에 근거한 교육을 받으면서 방학에는 상담 실무를 훈련하고, 경우에 따라서 상담 현장에 실습을 나가기도 하였다. 이 과정에서 학생들은 자기 안에서 일어나는 불편한 감정이나 역동을 만나게 되면서 혼란스러워하는 경우가 많았다. 그래서 이런 학생들은 상담 실무에 들어가기 전에 외부에서 교육상담을 받도록 안내되었다. 이때 상담자나 임상가가 내담자를 상담 및 치료하면서도 정작 자기 자신을 성찰하고 치유하는 프로그램은 교육과정에 제공되지 않고 있다는 현실이 안타깝게 느껴졌다. 그 무렵에 나는 심리치료의 제3의 물결이라고 하는 마음챙김 기반 심리치료 중 마음챙김 기반 스트레스 감소 프로그램(MBSR)과 수용전념치료(ACT)를 공부하면서 다양한 통로를 통해 명상을 경험했다. 여러 명상 가운데 특히 자비명상에 치유적인 요소가 많다는 것을 경험하게 되면서 자비에 대한 과학적 연구를 살펴보았다.

당시의 자비 연구는 교육심리학자인 Kristin Neff의 자기자비(self-compassion) 개념이 혁신적으로 등장하면서 여러 정신건강 관련 연구 분야에서 주목을 받고 있었고, 임상심리전문가인

Christoper K. Germer 박사는 자비명상을 일상생활에서 쉽게 실천할 수 있도록『The Mindful Path to Self-compassion』을 저술하였으며, 영적 스승이자 작가인 Rami Shapiro는 자애명상의 성스러움을 안내하는 책『The Sacred Art of Lovingkindness』를 발간하는 등 국내외에서 자비 관련 문헌들이 다양한 통로로 소개되기 시작하였다. 그런데 과학적 심리학에 길들여진 나에게는, 동양의 전통에서 나온 자비 개념을 서양 학자들이 이론적 기반에 바탕을 두지 않고 조작적 정의를 내려 그저 훈련으로 안내하는 것이 회의적으로 느껴졌다.

그러나 영국의 임상심리전문가인 Paul Gilbert(이하 Gilbert) 교수의 관점은 달랐다. 그는 수치심과 자기비난이 많은 만성적 정서장애 환자들에게 인지행동치료(CBT)를 적용하면서 환자들이 대안적 사고를 찾아도 따뜻한 감정에 잘 접촉하지 못하는 것에 주목하고, 이들에게는 무엇보다도 자비의 마음을 계발하는 것이 중요하다고 생각하였다. 이에 진화심리학, 신경과학이론, 발달심리학 등의 심리학 이론을 토대로 자비중심치료(Compassion Focused Therapy: CFT)를 개발하였다. Gilbert의 관점은 임상 장면에서 흔히 발견되는 관찰이었기에 공감을 얻었고, 자비 개념을 증거 기반 심리학 이론에 기초하여 설명하고 있었기 때문에 깊은 인상을 주었다. 당시 Gilbert는 우리 뇌의 세 가지 정서 조절 시스템 중 애착에 기반을 둔 '진정 친화 시스템'을 활성화하기 위해 주로 심상화를 이용하여 자비마음을 훈련하는 것에 주안점을 두었기 때문에 마음챙김 명상이 많이 부각되지는 않았다. 그러나 다양한 통로로 명상을 경험한 나로서는 마음챙김 명상에 대한 훈련 없이 자비의 마음을 확산하기란 쉽지 않다고 생각하였다. 따라서 마음챙김 명상의 원리에 기반을 두고 자비의 마음을 확산하는 프로그램인 MLCP를 고안하게 되었다. MLCP는 '고통과 마음'에 대한 불교적 관점과 마음챙김 기반 이론 그리고 Gilbert의 CFT를 바탕으로 구성되었다. 프로그램에서 훈련을 위해 안내하는 내용은 저자가 직접 심상화를 통해 마음챙김 명상과 자비마음 훈련을 체험한 내용을 바탕으로 구성하였고, 누구나 쉽게 훈련할 수 있도록 멘트를 상세하게 만들었다. 이후 예비 집단을 운영하면서 자연스럽지 않은 안내 멘트들을 다시 수정하고 보완하는 작업을 거듭하여 MLCP의 표준 프로토콜을 완성하였다.

MLCP의 특징은 다음과 같다. 첫째, 고통과 마음에 대한 이해, 마음챙김의 태도와 구체적인 마음챙김 자세를 안내하면서 심리교육을 강조하여 참여 동기를 높이고, 훈련의 준비 자세를 갖추도록 하였다.

둘째, 마음의 요소를 있는 그대로 관찰하는 훈련을 통해 마음에 대한 알아차림을 증진하였다. 즉, 소리, 호흡, 신체, 감정, 생각 혹은 기억을 있는 그대로 관찰하는 훈련을 포함하였다. 또한 부정적·긍정적 사건을 중심으로 마음의 요소(감각, 감정, 생각 혹은 기억)를 관찰하면서 이면의 심층 욕구를 만나도록 하였다. 그리고 한 걸음 물러나서 마음에서 일어나는 요소들이 서로 어떻게 연결되는지 알아차리고, 그 순간 그것이 변화되어 가는 것을 관찰함으로써 직관적인 통찰로 이어지도록 안내하였다.

셋째, 진정친화 시스템을 활성화하고 정서 조절 시스템의 균형
을 맞추기 위해 단계적으로 자비의 마음을 증진하도록 안내하였
다. 구체적인 단계는 다음과 같다. 먼저, 투쟁 모드를 끄고 진정 모
드를 활성화하기 위해 안정 공간을 만드는 작업을 한다. 다음으로,
이상적인 따뜻한 대상으로부터 자비로움을 받고, 자기 안에 있는
자비의 속성을 찾아 자비의 마음을 확산하도록 한다. 자비의 마음
을 충분히 확산한 후, 만나고 싶지 않았던 불안한 자기, 화난 자기,
슬픈 자기 등을 만나서 서로 소통하고 통합하는 과정을 거친다. 그
런 다음, 자기 안의 자비로움을 좋아하는 대상, 집단원, 세상 사람
들에게 확장해 보도록 훈련한다. (보통 불교적 전통에서는 자기에게
먼저 자비를 보내지만, 임상 현장에서 만난 사람들은 자기 자신을 사랑하
기 힘들어하기 때문에 안정화를 위해 먼저 이상적인 타인으로부터 자비
로움을 받은 뒤, 내 안에 꺼져 있는 자비의 불씨를 되살려서 자비로움을
확인해야 자비 확산이 가능하다고 여긴다.) 그런 다음, 그동안 고통스
러워서 보고 싶지 않았던 자기 안의 부분들을 만나 소통하고 통합
하는 데 주력한다. 이 작업은 Gilbert의 작업 중 다중자기(multiple
self)의 개념에 기초하되, 내 안의 자비를 감각과 느낌으로 확산한
뒤 불편한 부분자기를 만나서 상처받은 마음을 공감적으로 알아주
고 통합하도록 구성하였다. 이는 John Bradshow의 내면아이치료
(inner child therapy), Jeffery Young의 스키마치료(schema therapy)
의 모드(mode), Fritz Perls의 게슈탈트치료(gestalt therapy)의 양극
성(polarities), Richard Schwartz의 내면가족체계치료(internal family
system therapy)의 하위 인격체(subpersonalities) 등과 유사한 개념

으로, 이들의 이론적 배경은 다르지만 '분리된 부분들의 통합'을 지향한다는 점에서 공통적이다. 그리고 이렇게 자기 안에서 자비로움이 확인되고 확산되어야 비로소 타인에게로 자연스럽게 흐를 수 있다고 보고 작업을 구성하였다.

넷째, 자비의 마음이 확산된 이후에는 삶의 가치를 찾아서 삶의 방향성을 갖도록 돕고자 하였다. 이 부분은 개인적으로 ACT의 핵심이라고 생각하는 '가치를 발견하고 전념하기'에 해당하는 부분이라고 볼 수 있다. 결국 우리는 전쟁터 같은 삶 속에서 잊혀진 각자의 존엄성(자비)을 되찾고, 나아가 각자의 가치를 찾아가면서 주변 사람들과 더불어 살아가는 삶으로 나아가야 조금 더 살 만하다고 느끼지 않을까 생각하여 이 내용을 마지막 회기에 넣었다.

이렇게 구성된 MLCP는 초보 상담자들의 상담 소진 예방을 위해 실시되었고(조현주 외, 2014), 이후 우울한 대학생의 우울, 반추 등의 개선을 위해 적용되었으며(정혜경 외, 2017), 사회불안장애 및 경향성을 나타내는 대학생에게 사회불안 및 관련 기제 개선을 위해 오프라인과 온라인으로 제공되어 지금까지 그 효과가 꾸준히 검증되어 왔다(류석진, 2019). 최근에는 자기비난 경향이 높은 대학생에게 MLCP를 적용하였는데, 심리적·생리적 측면의 개선이 검증되었다(Noh, S. & Cho, H., 2020). 앞으로도 연구자들에 의해 MLCP가 반복 검증되고, 그 효과성과 기제에 대한 많은 증거가 축적되길 바란다.

이 프로그램은 여러 심리치료 요소가 포함되어 있으므로 상담 및 심리치료사이면서 명상지도 경험이 있는 지도자가 집단을 운영할 때 발생할 수 있는 여러 문제를 효과적으로 다루면서 활용할 수 있을 것이다. 그렇지만 독자가 상담 및 심리치료사일지라도 이 프로그램을 준임상군 혹은 임상군에 적용하여 효과성을 검증하는 연구를 진행하고자 한다면, 반드시 MLCP 운영자에게 지도 감독을 받아야 그 결과를 인정받을 수 있을 것이다. 왜냐하면 이 책은 자가훈련(self-help practice)에 초점을 두었기에 집단 프로그램 운영에 포함된 일부 내용이 생략되었고, 또한 그 집단을 운영하는 지도자가 프로그램의 치유적 요소를 충분히 이해하고 진행해야 집단에서 발생하는 심리적 어려움을 효과적으로 다룰 수 있기 때문이다. 원칙적으로 MLCP는 지도자의 안내가 필요하고, 또 이 책에 소개된 다양한 마음챙김 훈련은 지도자의 피드백이 제공될 때 참가자가 혼란 없이 안정적으로 프로그램을 경험할 수 있다. 그럼에도 이 프로그램을 『멈추고, 느끼고, 사랑하라』라는 제목의 자기 치유서로 세상에 내놓은 이유는 보다 많은 사람이 시간과 비용 면에서 효율적으로 도움받기를 바라는 마음에서이다. 그러므로 이 프로그램을 안정적으로 활용하기 위해서는 1부에서 소개된 연구들을 읽고, 2부 각 회기에 제공된 심리교육을 필수적으로 숙지한 뒤 체험하길 적극 권장한다.

대중에게 마음챙김과 자비라는 용어는 익숙하지 않기 때문에 프로그램의 의미를 책 제목에 어떻게 녹여낼지 고민이 많았다. 그러던 중 책과 영화로 유명해 우리에게 익숙한 제목과 닮은 '멈추고, 느끼고, 사랑하라'라는 이름이 MLCP의 핵심적인 의미를 담아내기에 충분하다고 여겼고, 이 책의 제목이 되었다.

이 책의 1부에서는 마음챙김과 자비의 정의를 살펴보고, 그와 관련한 초기 및 최신의 효과성 연구들을 정리한 뒤, MLCP에 대한 개관 및 관련 연구들을 수록하였다. 2부에서는 독자들이 MLCP를 실제로 훈련할 수 있도록 구성하였다. 훈련 일자별로 구체적인 목표를 안내하고, 여기에 해당하는 훈련을 진행할 수 있도록 구성하였다. 특징적인 부분은 훈련의 편의성과 몰입을 위해 관련 내용을 음성 파일로 제공했다는 점이다. 독자들은 스마트기기를 활용하여 언제든지 저자의 육성으로 녹음된 마음챙김 안내문을 들을 수 있다. 그렇게 훈련한 다음에는 경험을 기록하고 숙고할 수 있는 공간을 마련해 두었다. 경험을 기록하고 숙고하는 과정은 MLCP 훈련에 반드시 포함되는 것으로 지혜와 통찰을 경험할 수 있으므로 이 과정을 생략하지 말고 훈련해 나가길 바란다. 마지막으로, 그동안 MLCP를 운영하면서 자주 나왔던 질문을 Q & A 형식으로 제공하여 훈련 과정에서 일어나는 의문점을 해결할 수 있도록 도왔다. 따라서 이 책은 정신건강 관련 대학원생을 비롯하여 관련 직종의 종사자가 심리적 소진이 왔을 때 자기 돌봄 및 치유를 위해 사용할 수 있다. 또한 그들이 상담 및 심리치료를 할 때 MLCP가 필요한 내담자에게 활용할 수 있을 것이다. 그 외에 일반인의 경우에도 명상이나 심리학에 대해 관심이 있는 분이라면 이 책을 활용하는 데 무리가 없을 것이다. 한 가지 당부하고 싶은 말은, 요즘 국내외적으로 '명상과 치유'가 사회적 붐을 일으키면서 여러 직종에서 이를 상품화하고 있는데, 이 책에 수록된 마음챙김 음성 파일을 상업적인 용도로 사용하는 것을 지양해 주길 바란다.

각자의 뜻을 품고 상담 및 심리치료에 입문한 학생들이 각종 자격증을 취득하기 위해 많은 시간과 비용을 들이면서 점차 소진되고 초심을 잃어 가는 것은 매우 안타까운 일이다. 이 책이 세상의 목표에 휘둘려 지쳤을 때 잠시 멈추어 자신의 마음을 들여다보길 원하는 사람에게, 또 사람과 세상으로부터 상처를 받음에도 그런 세상을 껴안으면서 지혜롭게 살고자 하는 사람에게 한 줄기 빛이 되어 줄 수 있으면 좋겠다.

이 책의 저자로 참여한 노승혜, 류석진, 이현예, 정현희 선생은 영남대학교 대학원 상담심리전공 박사와 박사수료생으로, 모두 MLCP를 지도하거나 경험한 사람이다. 노승혜 박사는 MLCP를 처음 개발할 당시부터 집단에 참여하여 피드백을 주었고, 이후 여러 집단을 운영한 경험이 있다. 또한 자기비난이 높은 대학생들을 대상으로 MLCP를 제공한 뒤, 주관적·생리적 측정을 하고 이를 양적·질적 분석을 통해 치료적 기제를 연구하여 2020년 박사 학위를 취득하였다. 류석진 박사는 사회불안장애 및 경향성을 보이는 대학생들에게 MLCP를 오프라인뿐만 아니라 온라인 버전으로 제공한 뒤, 그 효과를 검증하여 2019년 여름 학기에 박사 학위를 취득하였다. 이현예 선생과 정현희 선생은 모두 MLCP에 관심을 가지면서 각기 섭식 문제의 자기대화와 자기비난에 대한 실험연구에 관심을 갖고 연구 중이다. 저자로 참여한 우리 모두는 『멈추고, 느끼고, 사랑하라』가 운영진 없이 자기 치유서로 활용될 때 '어떻게 하면 MLCP 내용을 충분히 담아낼 수 있을까'를 함께 고민하고, 서로의 경험과 의견을 나누면서 이 책을 완성하였다. 그동안 공부하면서 외롭기도 하였는데, 제자들이 뜻을 같이하고 이 길을 함께 걸어 주어서 작업하는 내내 참으로 행복했다.

끝으로, 국내에서는 외국의 저명한 학자가 개발한 정신건강 프로그램이 아니면 별반 관심을 기울이지 않는 상황인데도, 여러모로 부족한 프로그램에 관심을 기울이고 출판까지 권고해 주신 학지사 김진환 사장님의 애정과 지지에 진심으로 감사드린다. 더불어 꼼꼼한 교정과 보기 좋은 구성으로 책의 완성도를 높여 준 유가현 선생님께도 감사드린다.

저자 대표 조 현 주

차례

멈추고 ——— 사랑하라

느끼고

·

1부

마음챙김과 자비

멈추고 ── 사랑하라

느끼고

1장

마음챙김이란
무엇인가

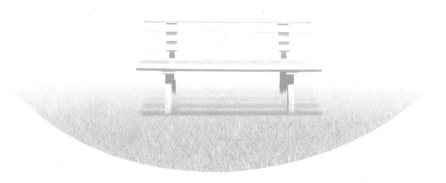

과거에 머물러 살지 말고,
미래를 꿈꾸지 말며,
이 순간에 집중하라.

-붓다-

우리는 보다 나은 삶을 추구하면서 물리적으로 많은 해택을 누리며 살고 있다. 스마트 폰으로 원하는 것 주문하기, 계획하기 등 그저 침대에 누워서 손가락 하나로 통제할 수 있는 것이 많아졌다. 하지만 이 가운데에서도 통제가 힘든 것이 있으니 바로 우리의 '마음'이다(방금 고개를 크게 끄덕였다면 이 책을 끝까지 잘 따라가길 바란다). 어쩌면 통제하려고 할수록 더 손에 잡히지 않는 것이 마음일지도 모른다. 이러한 마음을 들여다보고 조절할 수 있는 한 가지 방법이 최근 주목받고 있는 '명상'이다. 명상은 이제 이름만 들어도 알만한 기업이나 단체 혹은 유명인들이 활용하고 있으며, 미디어를 통해서도 쉽게 접할 수 있다. 명상은 어떻게, 그리고 어떤 부분에 긍정적인 효과를 줄까? 그리고 사람들은 명상의 어떤 측면에 매력을 느끼는가? 본 장에서는 다양한 명상의 종류 가운데 과학적 검증을 기반으로 한 마음챙김에 대해 알아보고, 그 효과성을 다각도로 고찰하고자 한다.

1. 마음챙김에 대한 이해

1) 마음챙김이란 무엇인가

많은 관련 문헌에서 마음챙김(mindfulness)이란 순간순간 일어나는 경험에 의도적으로 주의를 기울여 비판단적으로 알아차리는 것으로 정의된다(Kabat-Zinn, 1990). 또한 Bishop과 동료들(2004)은 마음챙김을 주의조절(self-regulation of attention)과 정향(orientation)의 두 가지로 설명하였다. 전자는 현재의 경험에 머물기 위해 주의를 조절하는 것이고, 후자는 경험에 대해 열린 태도를 보이고 호기심을 가지고 접근하며 수용하는 것을 의미한다.

비록 서양에서 먼저 마음챙김의 실증적인 연구를 시작하였으나, 그 기원은 동양의 명상에 있다. 명상은 집중명상[Samatha, 지(止): 마음을 하나의 대상에 집중하는 것]과 통찰명상[Vipassana, 관(觀): 대상을 정하지 않고 마음에서 일어나는 모든 현상을 관찰하는 것], 그리고 자비명상으로 구분할 수 있다. 자비명상에 대해서는 2장에서 설명할 것이므로 여기서는 마음챙김을 중점적으로 서술하고자 한다.

팔리어 사티(sati)는 마음챙김(mindfulness)[1]으로 번역되어 사마타를 지칭하기도 하지만, 그 외에 알아차림(awareness), 순수한 알아차림(bare attention)으로 번역하기도 한다. 초기 불교를 근간으로 한 상좌부 불교(Theravada)에서는 사티를 통찰명상에만 국한되는 것이 아니라 집중명상에서도 기반이 되어야 한다고 설명한다. 사티는 매 순간 깨어 있는 알아차림으로, 사티가 기반이 되어야 특정 대상에 주의를 집중할 수 있고(집중명상), 매 순간 일어나는 마음의 현상들을 계속 관찰할 수 있는 것(통찰명상)으로 이해되며, 이는 모든 명상의 기본 자세라고 볼 수 있다(조현주, 2019).

---

1) 이 책의 훈련들은 집중·통찰 명상 모두에 기반하여 일상생활 속에서 마음을 관찰할 수 있도록 마음챙김의 개념을 포함하였기 때문에 본문 전반에서 마음챙김이라는 단어를 사용하였다.

마음챙김은 고대 불교의 수행 방법에서 유래된 것으로, 살아 있는 매 순간의 알아차림을 통해 자신이 누구인지 살펴보고, 어떻게 하면 세상과 조화를 이루며 살 수 있을지를 고민하며, 존재의 근원적인 문제를 통찰하고 몸과 마음의 본래성을 회복하여 해탈에 도달하기 위한 행법을 수행하는 데에서 비롯하였다. 굳이 종교적 측면에서 해탈을 목적으로 하지 않더라도, 마음챙김은 현대를 살아가는 모든 사람에게 안녕감(wellbeing)을 제공하여 아주 유익한 경험이 될 수 있다. 이 책을 읽는 독자들도 마음챙김이나 명상을 종교적이라고 판단하는 선입견을 내려놓고, 나와 나를 둘러싼 세계를 관찰하기 위한 훈련으로서 일상 속에 적용한다면 삶의 풍요로움을 경험하게 될 것이다. 특히 의식 발달 혹은 영성 증진 목적이 아닌 심신의 안정, 집중력 강화 등 정신건강을 증진시키는 것이 목적이라면 다음의 마음챙김을 기반으로 한 구조화된 프로그램들이 도움이 될 수 있다.

심리치료 영역에서 마음챙김 요소들을 기반으로 한 여러 치료 프로그램은 다음과 같다. 변증법적 행동치료(Dialectical Behavior Therapy: DBT), 마음챙김 기반 인지치료(Mindfulness-Based Cognitive Therapy: MBCT), 수용전념치료(Acceptance and Commitment Therapy: ACT), 자비중심치료(Compassion Focused Therapy: CFT), 마음챙김-자비 프로그램(Mindful Lovingkindness-Compassion Program: MLCP)이 있다. 이러한 프로그램은 마음챙김 요소들을 특정 임상장애나 다양한 임상영역에 확대 적용하기 위해 발전을 거듭해 가는 추세이며, 증거 기반 이론으로서의 입지를 구축해 나가고 있다(조현주, 2019).

2) 마음챙김의 요소 그리고 기제(mechanism)

마음챙김은 어떻게 사람들의 마음을 편안하게 하고 긍정적인 효과를 만들까? Shapiro와 동료들(2006)은 마음챙김이 재인식 과정을 이끌고, 이러한 과정에서 자기조절, 정서·인지·행동의 유연성, 가치명료화, 노출로 이어지면서 안녕감을 갖게 된다고 설명한다. 그들은 **마음챙김 요소를 의도, 주의, 태도**라고 본다. '의도'는 마음챙김 훈련을 하고자 하는 동기(motivation)를 반영한다. '주의'는 개인의 내부적 경험과 외부적 경험을 순간순간 관찰하는 것을 의미한다. '태도'는 훈련 시 경험에 대해 열려 있으며 비판단적으로 경험을 바라보는 것을 의미한다. 마음챙김 훈련을 통해 세 가지 요소가 서로 영향을 주고받으며 조화를 이루게 되면 지각체계에 변화가 일어난다고 본다.

이러한 마음챙김의 요소가 훈련 내에서 적절히 갖추어진다면 우리는 지각체계에서 재인식(reperceiving)의 과정을 경험할 수 있다. 재인식은 의식의 주제를 구분하지 않고 순간의 경험을 명료하게 객관적으로 보는 것을 의미한다. 유사한 심리학적 개념으로 탈중심화(decentering), 탈자동화(deautomatization) 혹은 분리(detachment)가 있다. 다시 말해 마음챙김은 재인식 과정, 즉 현재의 경험을 한 발 떨어져서 보는 태도를 가능하게 하며, 객관적 시각과 주관적 시각을 넘나들면서 지각한 내용을 구분하는 것을 가능하게 한다. 이를 도식화하여 표현하면 [그림 1-1]과 같다.

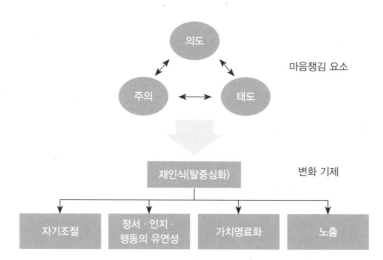

[그림 1-1] Shapiro와 동료들(2006)이 제안한 마음챙김의 요소와 기제

출처: Shapiro et al (2006).

마음챙김을 통한 재인식은 다시금 자기조절, 가치명료화, 정서·인지·행동의 유연성, 노출의 과정을 통해 변화가 일어나게 된다.

(1) 자기조절

자기조절(self-regulation)은 변화에 적응하고 기능을 안정적으로 유지하는 과정이다. 어떻게 마음챙김이 자기조절을 통해 심리적인 건강에 이르게 되는지에 대한 설명은 다음과 같다. 우선, 의도적으로 비판단적인 주의를 배양하면 개인을 지금 이 순간에 머무르게 하여 현재와 연결되게 한다. 재인식(탈중심화)의 과정을 통해 우리는 매 순간 포함된 정보에 주의를 기울일 수 있고, 이전에는 바라보기에 너무 괴로웠던 부정적인 감정들조차도 한 발짝 떨어져서 바

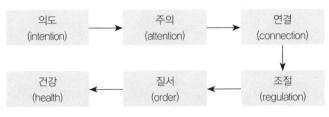

[그림 1-2] **자기조절 과정**

출처: Shapiro & Schwartz (2000).

라볼 수 있으며, 그것을 그저 지나가는 하나의 감정 상태로 바라볼 수 있게 된다. 탈중심화는 개인을 괴롭히는 특정한 감정이나 생각이 떠올랐을 때, 그것을 통제하려는 집착을 감소시켜 자동적이고 습관적인 반응 패턴에서 벗어날 수 있도록 도와준다. 이는 다음과 같은 도식으로 설명할 수 있다([그림 1-2] 참조).

(2) 가치명료화

가치명료화(value-clarification)란 개인이 자신의 가치관을 관찰하고 더 큰 객관성을 가지고 숙고할 수 있게 되는 것을 말한다. 개인의 가치관은 종종 가족, 문화, 사회적 영향으로 조건화되어 있고, 우리는 자신의 삶 속에서 그것이 정말 중요한 것인지 숙고하지 못한다. 하지만 마음챙김의 과정은 개방적이고 의도적인 인식을 가능하게 하고, 무엇이 자신에게 의미 있는지, 진정 가치 있는 것은 무엇인지 자각하도록 도와 가치에 맞는 행동을 선택하는 데 도움을 줄 수 있다.

(3) 인지, 감정 및 행동의 유연성

마음챙김은 현재 상황을 관찰하는 자기(observing self)로서 경험할 수 있도록 한다. 즉, 이전의 습관, 조건화, 경험에 의해 촉발된 반사적인 생각, 감정, 행동 대신에 일어나는 현상을 매 순간 개방된 관점으로 바라보게 됨으로써 의식이 확장되고 유연해진다. 이러한 능력의 계발은 끊임없이 변화하는 우리의 내적 경험에 덜 자동적으로 반응하게 함으로써 인지 · 감정 · 행동의 유연성(cognitive, emotional and behavior flexibility)을 증진시킬 수 있다.

(4) 노출

현재 순간에 일어나는 외부적 · 내부적 경험에 의도적으로 주의를 기울이는 마음챙김의 과정은 좋거나 싫은 것, 옳거나 그른 것, 맞거나 틀린 것, 중요하거나 지엽적인 것을 판단하는 것이 아닌 있는 그대로 머무르는 것이다. 따라서 마음챙김은 고통스러운 정서 상태를 피하거나 부정하는 습관적인 경향과 그러한 상태에 대한 노출(exposure)을 증가시킨다. 이런 직접적인 노출은 사람들이 자신의 감정, 생각, 또는 신체 감각이 자신이 생각하는 만큼 그렇게 압도적이거나 공포스러운 것이 아님을 깨닫게 돕는다. 특히 부정적인 정서 상태를 염두에 두고 관찰함으로써 사람들은 그 감정을 두려워하거나 피할 필요가 없고, 결국 어느 순간에는 사라진다는 것을 경험할 수 있도록 돕는다(Segal, Williams, & Teasdale, 2002).

보다 최근에는 Hölzel과 동료들(2011)이 마음챙김 기제에 뇌 과학적 측면을 추가하였다. 이들은 마음챙김의 기제로 주의조절, 신체 자각, 정서 조절, 자신에 대한 관점의 변화를 제시하였고, 이러한 기제들이 뇌의 특정 영역에 영향을 미칠 수 있다고 제안하였다. 즉, 마음챙김을 통한 주의 조절은 전측대상피질(Anterior Cingulate Cortex: ACC) 영역, 신체 자각은 뇌도(insula)와 측두두정엽(temporo-parietal junction) 영역, 정서 조절은 전전두피질(prefrontal cortex), 해마(hippocampus)와 편도체(amygdala) 영역, 마지막으로 자신에 대한 관점의 변화는 전전두 영역, 해마, 그리고 측두두정엽의 변화에 영향을 준다고 설명하였다. 이처럼 마음챙김 훈련은 여러 기제를 통해 특정 뇌 부위를 활성화시키고, 결과적으로 심리적 안녕감을 가져다준다.

2. 마음챙김의 힘

마음챙김의 효용성에 관한 연구는 과정 기반 치료(process-based therapy)[2]의 대두에 힘입어 다양한 영역에서 진행되고 있다(Hofmann & Hayes, 2019). 대부분의 연구는 마음챙김 기반 개입

---

2) 최근까지 임상 장면에서 활용되던 모델은 의학 질병 모델(medical illness model)이었다. 이 모델에서는 질병의 증상을 치료하기 위해 특정 치료 프로토콜을 중요하게 여겼다. 하지만 과정 기반 치료에서는 증상 자체보다는 기저에 있는 핵심적 요인들을 다루기 위해 노력한다.

(Mindfulness-Based Interventions: MBI)을 바탕으로 진행되었다.

　여기서는 마음챙김을 활용한 개입 연구들이 신체 건강과 통증 관리, 정신건강, 인지와 뇌에 어떠한 영향을 미칠 수 있는지에 대해 알아보고자 한다. 1970년대 이후로 마음챙김 및 마음챙김 명상 관련 연구가 수천 편씩 쏟아져 나오고 있는 관계로 모든 연구를 개괄할 수 없다는 제한점이 있다. 이에 이 책에서는 초기와 최근의 MBI 연구를 중점적으로 기술하였고, 국외 연구뿐만 아니라 국내 연구도 함께 기술하였다. 관련 연구들을 개괄하기에 앞서 마음챙김은 분명히 유익한 효과와 이점이 존재하지만 연구 결과에 대해 무분별한 수용이나 확산보다는 비판적인 시각을 견지하고 마음챙김에 대한 철저한 이해와 유의사항을 숙지하는 노력이 필요하다는 것을 강조하고 싶다.

1) 통증 관리와 신체 건강

(1) 만성통증

　마음챙김의 효용성은 Kabat-Zinn과 동료들(1985)의 만성통증 개입 연구에서 시작했다. Kabat-Zinn과 동료들은 만성통증 환자들에게 마음챙김을 활용한 10주간의 프로그램을 적용한 결과, 참가자들의 고통 수준, 부정적 신체상, 고통으로 인한 활동 억제가 줄어들었다고 보고하였다. 특히, 통증과 관련해서 약물 사용량이 줄었으며 자존감과 활동 수준이 증가한 것으로 나타났다. 관련된 최근 연구들에서도 Garland와 동료들(2014)은 만성통증 환자를 마음챙김–지향 회복 증진(Mindfulness-Oriented Recovery Enhancement: MORE)과 지지그룹(Support Group: SG)에 무선 할당하여 비교하였을 때, SG와 비교해 MORE에서 통증의 강도가 유의미하게 감소하고, 그 효과가 상당 기간 유지되는 것으로 나타났다. 섬유근육통을 앓고 있는 환자에게도 MBI는 우울을 비롯한 증상 개선에 유의미한 효과를 보였다(Parra-Delgado & Latorre-Postigo, 2013). 최근 캐나다에서는 만성통증을 호소하는 대학생 189명을 대상으로 마음챙김 앱(application)을 적용하고 그 효과를 살펴보았다. 그 결과, 마음챙김 앱을 사용하지 않은 집단에 비해 마음챙김 앱을 사용한 집단에서 만성통증 증상과 심박률이 긍정적으로 개선된 것으로 나타났다(Azam, Latman, & Katz, 2019). 뿐만 아니라 과민 대장 증후군(Irritable Bowel Syndrome: IBS)을 앓고 있는 환자에게 마음챙김 그룹(Mindfulness Group: MG)과 지지그룹(SG)의 효과를 비교했을 때에도 IBS 증상의 유의미한 개선이 나타났다. 그리고 삶의 질, 심리적 고통, 본능적인 불안(내장 불안)에서는 훈련 이후 차이가 없었지만, 3개월 후 추후 검사에서는 MG가 SG보다 증상 개선이 월등히 뛰어난 것으로 나타났다.

국내에서는 김수지와 안상섭(2009)이 한국형 마음챙김 명상(Korean version of Mindfulness Based Stress Reduction program: K-MBSR)을 통증 환자에게 적용한 연구가 있다. 이 연구에서는 마음챙김 프로그램의 적용 결과, 참가자의 주관적인 통증 완화뿐만 아니라 만성통증의 생리적(체온, 맥박, 혈압) 현상의 변화 및 신경생리적(뇌파 변화)인 부분까지 유의미한 변화가 나타났다. 또한 암환자들에게 K-MBSR을 적용했을 때에도 혈압, 심리적 증상 및 삶의 질에서 유의미한 차이가 나타난 것으로 드러났다(이원종, 전진수, 김영성, 김완석, 2012). 최근 연구에서도 만성 근골격계 통증 환자들에게 마음챙김 프로그램을 적용했을 때, 통증이 유의미하게 감소한 연구 결과가 있었다(박예나, 김정호, 2019). 또 다른 준임상군 노인을 대상으로 한 연구에서도 K-MBSR을 적용했을 때 통증 파국화, 통증 강도, 노인 우울 등이 유의미하게 감소한 것으로 나타났다(심교린, 김완석, 2018).

　　Baer(2003)에 따르면, Kabat-Zinn 이후 20년간의 MBI는 "대개 효과가 있었다(probably efficacious)"라고 한다. 그러나 만성통증 환자들에게 마음챙김을 적용한 이러한 연구들이 자칫 악용되어 마음챙김이 만병통치약처럼 신체적 건강을 향상시킬 수 있는 치료제라고 여기게 되면 안 된다(Kocovski, Segal, & Battista, 2009). 마음챙김이 환자들의 마음을 편안하게 해 주고 신체를 이완되게 도와주기 때문에 '주관적인 관점'의 고통 수준이 감소할 수는 있지만, 신체적인 측면의 질병을 앓고 있는 환자나 내담자에게는 의학적인 치료가 병행되어야 함을 간과해서는 안 된다. 그리고 치료사들 또한 마음챙김을 하면 모든 것이 좋아지는 것처럼 이야기하는 태도를 경계할 필요가 있다.

(2) 섭식과 수면

　　섭식 행동의 문제는 심혈관 질환, 당뇨 등 신체적 건강을 손상시킬 뿐 아니라 삶의 질을 저하시킬 수 있다. Omiwole와 동료들

(2019)은 15개의 관련 연구를 통해 MBI가 아동의 섭식 행동과 이상 섭식 행동에 미치는 영향에 대해 개관하였다. 그 결과, 다수의 연구에서 MBI의 사용은 체중/체형에 대한 걱정 및 제한된 섭식(dietary restraint)의 감소와 정적인 관련을 나타냈으며, MBI와 폭식의 감소가 관련된 것으로 나타났다. 또한 건강한 음식을 기꺼이 먹고자 하는 마음을 증가시키며, 병리적 섭식 행동을 줄이는 것으로 나타났다. 국내의 전소라와 손정락(2012)의 연구를 통해 MBCT가 폭식 경향이 있는 대학생의 폭식 행동과 정서적 섭식을 줄이는 데 효과가 있는 것으로 나타났으며, 이 효과는 추후 6주까지 지속되었다.

현대인들의 상당수는 수면과 관련한 불편함 중 불면증(insomnia)을 경험하고 있다. 불면은 수면의 질에 그치지 않고 다른 신체적 건강을 해치는 요인이 될 수 있으며, 사회적 기능의 손상을 가져올 수 있다. 최근 불면증을 다루기 위해 MBI가 시도되고 있으며, 연구에 따르면 마음챙김은 불면 증상을 개선시키며, 불면 치료에 대한 마음챙김 훈련의 거부감 또한 적은 것으로 나타났다(Wang et al., 2020). 국내에서는 직접적으로 수면장애에 마음챙김을 적용하지는 않았으나 유방암 환자와 중년 여성에게 K-MBSR을 적용하였을 때 수면의 질이 향상되는 것을 확인할 수 있었다(박경, 전진수, 정선용, 2013; 박정민, 최인령, 2016).

2) 정신건강

(1) 우울 및 불안장애

선행연구들을 종합해 보았을 때, MBI는 특히 우울 및 불안 증상을 개선하는 데 효과적인 것으로 나타났다. Hofmann과 동료들(2010)은 MBI 연구 39개를 개관했다. 그 결과, 마음챙김은 불안과 우울 경향성이 있는 대상에서부터 증상이 심각한 장애군까지 상당한 정도의 효과가 있는 것으로 나타났다. Khoury와 동료들(2013)도 MBI 연구 209개를 분석하여 MBI가 심리적 문제 개선에 효과적으로 나타남을 확인하였다. 이러한 효과는 기존의 심리치료(예를 들어, 인지행동치료) 혹은 약물치료와 동등한 수준인 것으로 나타났으며, 특히 우울과 불안을 대상으로 한 치료에서 여러 차례 확인되었다.

사회불안장애 환자에게 마음챙김 명상을 적용했을 때, 불안, 우울 증상의 감소와 자존감 향상, 부정적인 정서 경험이 줄어들고, fMRI 촬영 시 편도체의 활동성 또한 감소하는 것으로 나타났다(Goldin & Gross, 2010). 비슷하게 범불안장애를 가진 이들의 직업 기능 향상을 위해 마음챙김이 적용된 연구에서도 참가자들의 범불안장애 증상이 낮아지고, 직업 기능을 향상시키는 효과가 있었다. 이러한 연구 결과는 마음챙김의 정서 조절 효과가 개인의 일상적인 기능의 향상으로 이어져 개인적 · 사회적 차원의 경제적 이득으로까지 이어질 수 있다는 것을 의미한다(Hoge et al., 2017). Fairfax(2008)는 강박장애군의 치료 과정에 마음챙김을 보조적으로 활용할 수 있다고 보았다. 그는 강박장애 환자의 자동적 사고와 강박행동의 연결고리를 끊고, 자신의 사고를 다루는 다른 방식을 마음챙김을 통해 학습할 수 있다고 제안하였다.

국내의 마음챙김 연구의 상당수는 대학생의 정신건강과 마음챙김의 관련성을 검증하였다. 대학생 집단은 실제 진단을 받은 임상 대상이 아니라는 제한점이 있기는 하지만, 마음챙김을 예방적 개입으로 적용했을 때의 이점들을 살펴볼 수 있다는 장점도 존재한다. 이가영과 김은정(2016)은 사회불안 성향이 있는 대학생을 대상으로 마음챙김 훈련을 처치했을 때 예기불안과 사후반추를 감소시키는 데 효과적이었다는 것을 검증하였다. 비슷하게 발표불안이 높은 대학생에게 마음챙김 기반 노출치료와 인지행동집단치료를 비교하였을 때, 기저선 우울 수준이 높은 대상에게는 인지행동집단치료보다 마음챙김 기반 노출치료가 자기참조적인 부정적 사고 관련 측정치에서 더 효과적이었다(이창현, 조용래, 오은혜, 2016). 그뿐만 아니라 단 회기 마음챙김-자비명상이 분노의 역기능적인 표현과 반추를 완화하는 효과가 있다는 것을 검증한 연구도 있다(이현숙, 황성훈, 2018). 이러한 효과는 마음챙김이 정서를 회피하거나 억압하는 대신에 수용함으로써 역기능적 반응을 감소시키고, 생리적 이완과 함께 자기성찰 능력을 높임으로써 정서 조절을 돕기 때문에 나타날 수 있는 결과이다.

아동과 청소년에 관한 MBI 효과 또한 상당히 언급되고 있다. 2017년까지 아동과 청소년에게 MBI를 적용한 논문들을 분석한 결과, MBI는 이들의 집행 기능, 주의, 우울, 불안, 스트레스, 그리고 부

적응적 행동에 긍정적인 영향을 미치는 것으로 나타났다. 추후 분석을 통해 엄격한 기준을 적용했을 때에도 우울, 불안과 스트레스에 미치는 긍정적 영향력은 그대로 유지되었다(Dunning et al., 2019).

　그 밖에 마음챙김 기반 프로그램의 효과성을 살펴본 연구도 있다. Kuyken과 동료들(2008)은 우울장애 환자를 대상으로 MBCT 집단(n=62)과 약물치료 집단(n=61)을 비교하였다. 치료 15개월 후 MBCT 집단의 우울 재발률은 약물치료 집단과 비교했을 때 상대적으로 낮게 나타났다. 또한 잔여 우울 증상, 공병(comorbidity), 그리고 생리적·심리적 삶의 질에서도 MBCT 집단의 효과성이 약물치료 집단과 비교해 더 큰 것으로 나타났다. 특히 MBCT는 우울의 완화 및 재발 방지에 효과적이라는 연구가 다수 있다. 비슷하게 Green과 Bieling(2012)은 23명의 기분장애와 불안장애를 같이 경험하는(혹은 단독으로 경험하는) 외래환자에게 MBCT를 적용하고 그 효과를 관찰하였다. 프로그램 후 참가자들은 기분 상태가 개선됨은 물론 마음챙김 기술이 향상되고, 지각한 스트레스 원의 수(number of stressor)와 심각도가 낮아졌다. 연구자들은 현재 순간에 집중하고 수용하는 태도가 참가자들이 스트레스를 지각하는 태도에 영향을 주어 증상의 심각도가 낮아지는 효과가 있다고 제안하였다.

(2) 외상 후 스트레스 장애

　이외에도 마음챙김을 외상 후 스트레스 장애(Post Traumatic Stress Disorder: PTSD)에 적용한 연구가 있다. 최근 MBI를 PTSD에 적용한 연구를 종합해 보면, PTSD 증상을 줄이는 데 마음챙김은 중간에서 큰 정도의 효과를 나타냈으며, 치료에 대한 중도탈락률이 높지 않은 것으로 나타났다(0%~29%; Boyd et al., 2018). 이들의 연구 결과에 따르면, 치료 효과 또한 상당 기간(최대 2.5년) 유지되는 것으로 나타나 트라우마를 다루는 데 있어 마음챙김이 긍정적 역할을 할 수 있다고 판단된다.

(3) 기타 정신건강

직업 장면에서 마음챙김을 적용했을 때, 직장인의 스트레스, 소진(burn out), 자기조절, 웰빙, 직업 만족도에 긍정적인 영향을 미치는 것으로 나타났다(Eby et al., 2019). 세계적인 기업으로 알려진 구글(Google)에서도 MBI로 직원들의 정신건강을 관리하고 있다. Chade-Meng Tan은 구글의 엔지니어로, 지금은 구글의 명상가로 더 많이 알려져 있는데, 그는 구글 직원들을 대상으로 내면 검색(Search Inside Yourself)이라는 마음챙김 기반 명상 프로그램을 7주간 진행하였다. 이 프로그램에 참여한 직원들은 이전보다 감정 조절이 쉬워지고, 정서적으로 안정감을 느낄 뿐만 아니라 직업 장면에서도 인간관계와 리더십 능력이 향상되는 변화를 보였다(Chade-Meng Tan, 2012). 이 외의 연구에서도 직장인 대상 8주간의 마음챙김 훈련이 이들의 웰빙, 직업적 긴장도, 직장 내 유대감을 향상시키는 것으로 나타났다(Bostock et al., 2019). 이러한 결과들은 마음챙김이 개인적 영역을 넘어 직업 장면에서도 긍정적 역할을 한다는 것을 보여 준다.

청소년을 대상으로 한 단기 마음챙김 개입에서는 사회적 기술 중

공감 능력이 유의미하게 증가하였고, 자기조절능력 중 규범성 등 각 대인관계 하위요인에서 유의미한 차이가 나타났다(강민규, 최윤정, 2017). 이러한 연구는 마음챙김이 단순히 불안이나 우울을 낮추는 것과 같은 정서적인 이득뿐만 아니라 자기조절능력과도 연관이 있다는 근거를 보여 주는 예시이다. 마음챙김 명상을 통해 자신과 타인에 대한 이해를 확장하도록 돕는 것은 학교폭력과 타인에 대한 혐오가 빈번한 최근의 추세에 중요한 개입으로 제안될 수 있다.

　앞서 언급한 것처럼 엄청난 양의 데이터가 마음챙김의 효과성을 뒷받침해 준다. 하지만 마음챙김에 관한 많은 연구는 연구 설계(변인통제) 및 방법에 있어서 여러 가지 한계점이 있다(Bishop, 2002). 예를 들면, 결과변수에 영향을 줄 수 있는 병행치료에 대한 통제 불가, 검증되지 않은 측정법 사용, 그리고 무선통제연구로 진행된 경우에도 개인차 변인을 고려하지 않는 점 등이 제한점이 될 수 있다. 따라서 마음챙김에 대한 연구들은 기존의 한계점을 보완하여 좀 더 과학적인 검증을 지속해야 하며, 특히 심리적인 어려움을 겪고 있는 내담자나 환자에게 적용할 때에는 세심한 주의가 필요하다. 치료사는 본인이 먼저 마음챙김을 깊이 이해하며, 수련을 지속할 필요가 있다. 그리고 치료에 마음챙김을 적용할 때에도 마음챙김의 기본적인 태도를 강조해야 하고, 적용 목적을 분명히 정하고 안내하는 것이 필요하다(조현주, 2018). 이는 내담자나 환자에게 마음챙김만 적용하면 모든 것이 좋아진다는 만병통치 관점보다는 실제적인 도움을 주기 위해 필수적이다.

3) 인지 및 뇌

마음챙김으로 인한 인지 변화와 관련된 연구들이 있다. 연구들에 따르면, 단 회기 마음챙김 훈련만으로도 참가자들의 인지 능력이 향상되는 것으로 나타났다(Mrazek, Smallwood, & Schooler, 2012). 이는 오랫동안 명상을 수행한 명상가들의 주의집중력이 좋아지고, 인지 기능이 향상된 초창기 연구(Valentine & Sweet, 1999)와 일치하는 연구 결과이다. 또한 4회기 마음챙김 명상이 주의, 단기기억, 공간 처리, 언어적 유창성이 향상된 것으로 나타났다(Zeidan, Johnson, Diamond, David, & Goolkasian, 2010). 게다가 마음챙김이 학령기 아동의 주의를 조절하는 것에도 효과가 있음이 입증되었다. 이 연구에서는 주의 네트워크 과제(Attention Network Task: ANT)를 사용하였다. ANT의 충돌 모니터링 조건은 시각적 방해가 있는 상황에서 대상 물체에 대한 주의를 스스로 조절할 수 있는지 주의에 대한 개인의 능력을 측정하는 과제이다. 마음챙김 집단에 참여한 아동은 산만한 자극을 무시할 수 있게 되어 충돌 모니터링의 서브시스템은 감소하고, 목표로 하는 자극에는 집중하게 되어 지향 서브시스템의 점수에서는 향상이 나타난다는 것이 검증되었다(Felver, Tipsord, Morris, Racer, & Dishion, 2017).

Davidson과 동료들(2003)의 연구는 마음챙김과 관련된 뇌 변화 연구 중 가장 타당성 있는 연구이다. Davidson과 동료들은 우울증과 불안으로 고통받는 환자들은 휴식 중 뇌전도(eletroencephalogram: EEG) 활동에서 우반구의 활동성이 증가되지만, 심리적으로

건강한 연구 대상자는 좌반구의 활동성이 증가된다는 것을 검증하였다. 이후 연구에서 참가자들이 8주간의 마음챙김 명상을 수행했을 때 측정 초기와는 달리 휴식 중에 EEG의 활동성이 왼쪽 방향으로 이동하는 것을 검증하면서 마음챙김이 뇌의 '신경가소성(neuroplasticity)'과 정서적 향상을 증진시킨다는 것을 입증하였다. 이후 연구에서는 마음챙김이 주의 조절과 정서 조절 기능에 관련된 ACC에 영향을 미쳐 자기조절능력을 향상시키는 것을 검증하였다(Kaunhoven & Dorjee, 2017).

또한 마음챙김 훈련의 익숙함에 관계없이 일정하게 활성화되는 뇌 영역도 있다. 마음챙김 숙련도와 뇌 영역 활성화를 살펴본 연구에 따르면, 마음챙김은 마음챙김의 경험 여부와 관계없이 전측대상회를 활성화하는 것으로 나타났다. 또한 기저핵(basal ganglia)과 뇌도(insula) 영역의 활성화를 이끌기도 하는데, 이 영역들은 모두 주의 조절 및 정서 조절과 관련된 영역이다(Falcone & Jerram, 2018).

이번 장에서는 마음챙김의 정의, 기제 및 관련 연구를 살펴보았다. 마음챙김은 신체 건강과 통증 관리, 정신건강, 인지 및 뇌 영역에 이르기까지 다양한 영역에서 그 효과성이 검증되었다. 이는 독자에게 충분히 매력적으로 느껴질 것이다. 하지만 지속해서 언급하였듯이, 마음챙김을 만병통치약으로 여기기보다는 어떻게 하면 더 잘 이해하고 활용할 수 있을까에 대한 고민이 필요하다. 이러한 깊은 고민을 거친 후에 자신 혹은 당신의 내담자에게 활용해 보기를 당부한다.

2장
자비란
무엇인가

너의 삶에 모든 영광과 번영이 깃들길
너의 앞길엔 영원한 축복이 함께하길

−방탄소년단 'Respect' 중에서−

우리는 자신의 실수나 부족함을 모니터링할 수 있는 '인간의 뇌'
로 진화했다. 덕분에 우리는 더 나은 결과와 성취를 달성할 수 있게
되었다. 하지만 '인간의 뇌'는 역설적이게도 자신과 타인을 끊임없
이 비교하며 부족한 자신을 비난하고, 더 나은 목표와 성취에 집착
하게 만든다. 결과적으로는 자신을 돌보는 일을 등한시하거나, 자
기를 돌보는 방법을 모르거나, 어떤 경우 자기 돌봄이 오히려 스스
로를 나태하게 만들어 성취에 방해가 된다고 여기는 경우도 있다.
그러므로 우리에게 자비 계발이 필요하다.

'자비'는 여러 종교에서 미덕으로 삼고 있으며, 특히 불교에서는
자비를 기본 가르침으로 두고 수행이 이루어지기도 한다. 일반인
에게 자비는 자신을 희생하며 위대한 업적을 남긴 인물을 떠오르
게 하면서 나와는 거리가 먼 부담스러운 개념으로 여겨지는 경우
가 많다. 그러나 2장에서 설명하고자 하는 자비는 진화심리학적 관
점에서 모든 인간이 가지고 있지만 앞서 언급한 어려움을 겪고 있
는 현대인들이 미처 계발하지 못한 개념으로 이해한다. 따라서 자
비의 마음을 계발하기 위해 심리치료의 영역으로 확장하여 자비의
개념을 보다 폭 넓게 이해하고자 한다. 다음으로 실증연구를 검토
함으로써 자비가 개인의 정신건강에 어떤 효과를 가져다줄 수 있
는지 확인하고자 한다.

1. 자비에 대한 이해

1) 자비란 무엇인가

최근 심리치료 및 정신건강 분야에서는 자비(慈悲)를 기반으로 한 치료적 개입이 활발히 이루어지고 있다. 하지만 앞서 언급했듯이 자비는 엄청난 새로운 개념이 아니다. 고대의 종교적 전통에서 마음을 갈고 닦는 수행방식이 과학적 접근과 이론적 조직화를 통해 심리치료 영역에 흡수된 것이라 할 수 있다. 기존의 심리치료가 심리적 고통을 제거하는 것에 초점을 맞추었다면, 자비를 기반으로 한 심리치료는 그 고통에 공감하고 수용하는 것을 강조한다.

그렇다면 자비의 개념이 무엇을 의미하는지 보다 구체적으로 살펴보자. 자비(慈悲)란 자(metta; lovingkindness)와 비(karuna; compassion)가 결합된 말이다. 자(metta)는 사랑의 의미를 담고 있고 비(karuna)는 고통에 대한 연민의 의미를 담고 있다. 즉, 자비란 '자신과 타인의 고통에 민감하고, 그 고통을 줄이기 위해 깊게 헌신하는 마음'으로 정의할 수 있다(Dalai Lama & Cutler, 1998; Gilbert, 2010/2014).

동양에서 자비는 단순히 자(lovingkindness)와 비(compassion)의 결합 그 이상을 의미한다. 즉, 타인의 고통을 덜어 주고 싶고, 그들이 행복해지기를 바라는 마음은 세상의 모든 존재가 연결되어 있다는 깊은 지혜(연기론)로부터 일어난다고 보았다(조현주, 2014,

Cho et al., 2018). 따라서 모든 생명체가 서로 연결되어 있다는 것을 알아차리면, 나와 너, 내 것과 네 것 혹은 우리라는 경계와 집착을 내려놓고 모두가 행복하기를 바라는 마음이 일어날 수 있다. 특히 불교에서 자비는 여러 수행의 한 부분으로 사무량심의 첫 번째와 두 번째 요소를 계발하는 것에서 비롯한다. 사무량심(四無量心)은 부처가 중생을 한량없이 어여삐 여기는 마음으로 자(慈), 비(悲), 희(喜), 사(捨)의 마음을 계발하는 것이다. 자(慈)는 중생에게 즐거움과 행복을 바라는 마음이고, 비(悲)는 중생의 괴로움을 덜어 주려는 마음이고, 희(喜)는 더불어 기뻐하는 마음이고, 사(捨)는 평정심을 의미한다. 쉽게 말하자면 **자비는 마치 어머니가 아무런 조건 없이 자식을 사랑하고, 타인의 괴로움을 덜어 주려는 마음으로**, 누구에게나 공정하게 대하는 지혜와 더불어 일어난다.

　자비를 상담 및 심리치료 영역에 적용하기 위해서 여러 연구자들이 자비의 개념을 구체화하는 데 노력을 기울이고 있다. 대표적인 연구자는 Neff와 Gilbert를 꼽을 수 있는데, Neff는 자존감을 대신할 수 있는 정신건강의 요인으로 자기자비(self-compassion)라는 개념을 처음으로 주장하며 학계에서 주목을 받았다. Neff(2003)에 따르면, 자기자비는 '고통이나 실패 상황에서 자신을 엄격하게 비판하기보다는 자신에게 친절하고, 그 고통을 인간의 보편적인 조건으로 이해하며, 그 고통에 나를 동일시하지 않는 마음챙김의 태도를 갖는 것'으로 정의한다. Neff는 자기자비 개념에 자기친절, 보편성, 마음챙김 요인까지 포함하였다. 이와 달리 Gilbert(2010/2014)는 자비란 고통과 함께하면서 그것을 완화시켜

주고 싶은 동기(motivation)와 실제로 고통을 감소시키기 위한 행동
적 노력을 포함하였다. 특히 자비를 진화론적 관점에서 부정정서
를 조절하기 위한 하나의 동기시스템이라고 보았다.

앞선 정의와 다른 연구자들의 자비 개념을 살펴보면, 자비는 정
서(emotion), 인지(cognition) 혹은 행동(behavior) 등의 특정한 하나
의 요소로 구성될 수 없으며, 다양한 구조가 포함되어 있음을 알 수
있다(Jazaieri et al., 2013; Strauss et al., 2016). 종합하면, 자비란 나,
타인 또는 세상의 모든 존재의 고통에 대한 지각(recognizing)이 선
행되고, 고통에 대한 공감적 반응(empathic response)이 일어나 나
와 타인 및 세상의 고통을 경감시켜 주고 싶은 동기가 생기고 행동
까지 이어지는 것을 의미한다. Gilbert는 이러한 자비의 다양한 구
조를 진화심리학, 신경과학이론, 발달심리학 등 여러 심리학 이론
을 중심으로 설명한 유일한 연구자이다. 이에 여기에서는 Gilbert
가 제시한 자비의 내용에 기초하여 설명해 나가고자 한다.

Gilbert(2010/2014)에 따르면, 우리의 마음은 어린 시절에 생존을
위해 친밀한 사람과의 관계에서 특정한 관계 유형을 만들어 발달
시켜 왔다고 설명하며, 이를 **사회적 정신화**(social mentality)라고 부
른다. 예를 들어, 경쟁하는 사회적 정신화를 발달시킨다면 우리는
상대방과 나를 비교하는 쪽에 주의가 가고, 나의 실패를 상상하거
나 비난하며, 때로는 상대방의 실패에 기뻐할 것이다. 반대로 돌봄
의 정신화를 발달시킨다면 우리는 고통받고 있는 누군가에게 주의
가 가고, 걱정하고, 어떻게 하면 그들을 도울 수 있을지 고민할 것
이다. 이러한 예시는 우리가 어떤 사회적 정신화를 활성화했는가

에 따라서 우리의 주의, 이미지, 사고, 행동, 정서 및 동기가 달라진 다는 것을 보여 준다. 문제는 특정한 정신화의 틀에만 갇혀 있을 때 발생할 수 있다. 그리고 그것이 위협에 기초한 정신화일 때 외부 자 극에 더 민감해지고 그에 따른 부정적인 정신화가 활성화될 것이 다. 반대로 돌봄을 제공하는 자비의 정신화가 활성화된다면 자비를 중심으로 마치 수레바퀴처럼 자비로운 주의가 일어나고, 자비로운 동기, 자비로운 생각, 자비로운 느낌, 자비로운 이미지, 자비로운 행동으로 자연스럽게 맞물려 돌아간다. 우리가 돌봄의 정신화를 계 발하는 이유는 이것을 확장하여 위협 중심의 정신화에 영향을 받은 다양한 자신의 모습을 수용하고 돌볼 수 있기 때문이다.

이처럼 자비는 따뜻함과 친절함의 속성을 포함하고 있지만, 어 떤 조건에서도 반드시 따뜻하고 허용적인 것만을 의미하지 않는 다. 자비가 단순히 긍정적인 마음상태만을 의미하는 것은 아니기 때문에 사람들이 자비에 대해서 가지고 있는 오해를 짚고 넘어가는 것 이 중요하다. 자비에는 크게 두 가지 오해가 있을 수 있다. 첫째는 자 비가 나와는 거리가 멀고, 실천하기 어려운 개념이라는 것이다. 두 번째는 자비가 돌봄, 친절함, 따뜻함과 같은 긍정적 용어로만 사 용될 때, 자칫 유약하고 방종한 개념으로 오해할 수 있다는 것이다 (Gilbert, 2010). 따라서 자비의 개념을 보다 다양한 관점에서 이해 하기 위해서는 다음에 제시된 자비의 속성을 살펴볼 필요가 있다.

2) 자비의 속성

Gilbert(2009)는 자비를 다양한 속성(안녕을 위한 돌봄의 동기, 민감성, 연민, 고통 감내력, 공감, 비판단)으로 설명했다. 자비의 속성에서 가장 중요한 것은 자비가 단순히 부드럽고 친절한 성격만을 포함하고 있지는 않다는 것이다. 돌봄의 동기를 기반으로 고통에 민감하고, 그 고통을 비판단적으로 바라보며, 그것을 마주할 수 있는 감내력 그리고 연민과 공감을 포함한다. 즉, '어떠한 어려움도 견딜 수 있는 힘이 있지만, 아주 부드러운 느낌'이 자비의 느낌과 가까울 수 있다. 최근 Gilbert(2010/2014)는 자비를 설명할 때 지혜(통찰) 및 용기를 함께 강조하고 있다. 지혜는 자비가 의무나 필수가 아니며, 좋은 사람이 되기 위한 시도가 아니라는 것을 깨닫는 데 있다. 불교 전통에서 자비는 내가 고통에서 벗어나 행복을 원하듯이 다른 사람도 같은 마음이라는 인간의 보편성을 깨닫는 지혜에서 나온다. 지혜

[그림 2-1] **자비의 속성**

출처: Gilbert(2009).

는 인간의 마음을 이해하도록 하며(사성제, 연기론), **지혜를 바탕으로 하는 자비는 우리가 돌봄을 위한 행동을 가능하게 한다**. 실제로 알아차림 과정을 통해 현재 내가 고통스럽고 도움이 필요하다는 사실을 깨닫는 지혜가 계발되고, 자비를 통해 수치심을 느끼지 않고 자비를 주고받는 것에 마음을 열 수 있어야 한다.

여기서는 Gilbert(2009)가 제시한 속성을 중심으로 각각을 설명할 것이다([그림2-1]참조). 다음의 속성과 관련 있는 여러분의 경험을 떠올리면서 읽는다면, 2부 훈련에서 자비로운 나의 모습을 찾는 데 도움이 될 것이다. 물론 나에게는 어떠한 자비로운 속성도 없다는 성급한 판단을 내릴 수도 있다. 자비 훈련에서는 모든 사람이 자비의 씨앗을 가지고 태어난다고 가정한다. 다만 아직 자비의 씨앗을 찾을 기회가 없었거나 다른 잡초에 섞여 자비의 싹을 발견하지 못했을 수는 있다. 따라서 앞서 배운 마음챙김 자세를 유지하면서, 어떠한 평가나 판단 없이 자신을 살펴볼 수 있기를 바란다(자기 안의 자비의 속성을 찾는 작업은 프로그램에도 포함되어 있기 때문에 훈련을 하면서 발견할 수 있다).

⑴ 안녕을 위한 돌봄의 동기

첫 번째 자비 속성은 안녕을 위한 돌봄의 동기(motivation, well-being for care)이다. 돌봄(자비로운)의 동기는 고통을 다루기 위한 시작점이다. 고통을 회피하거나 무시하기보다는 자신과 타인이 고통과 고통의 원인으로부터 자유로워지기를 깊이 바라는 것이다. 고통에 주의를 기울이고 고통이 사라지는 데 도움이 되는 방법을 찾고자 하는 것을 의미한다. 이러한 돌봄을 위한 동기는 다른 속성들과 함께 상호작용하며 자비를 구성하는 데 핵심이 된다. 예를 들어, 돌봄의 동기가 없는 공감은 착취(exploitation)적이고 혹은 보살피고자 하는 동기가 없어 어떤 것에도 주의를 두지 않는다. 결과적으로 돌봄의 동기가 다른 속성들로 이어지는 시작점이 될 수 있다.

(2) 민감성

두 번째 자비의 속성은 민감성(sensitivity)이다. 우리가 돌봄의 동기를 가질 때, 고통과 괴로움의 본질에 집중하면서 나 혹은 누군가의 고통에 주의를 기울일 수 있다. 민감성은 우리가 경험하는 순간순간의 흐름에 개방된 주의를 가지는 것이다. 민감성은 고통을 떨쳐버리거나, 그것으로부터 도망 혹은 회피하려고 애쓰기보다는 자신의 느낌(feeling), 정서(emotion), 사고(thoughts) 그리고 행동(behavior)을 알아차리고 개방된 태도를 취하는 것을 의미한다. 우리는 때로 과거의 경험을 통해 형성된 정서적 기억 때문에 고통이나 괴로움에 대해 도움이 되지 않는 방식으로 행동할 수 있다. 현재는 유용하지 않은 이러한 반응은 오랜 경험으로 만들어진 습관과도 같은 것이기 때문에 우리가 자각하지 못한 상태에서 매우 자동적으로 일어난다. 즉, 우리는 고통에 자동적이지만 적응적이지 못한 방식으로 반응할 수 있다. 민감성은 이러한 상황에 놓인 자신의 현재 상태나 욕구를 알아차리게 함으로써 보다 도움이 되는 방식을 선택할 수 있도록 돕는다.

민감성은 훈련을 통해 계발될 수 있다. 우리의 정서와 사고는 신체의 변화로 나타날 수 있기 때문에 우리는 신체나 주변의 변화에 주의를 기울이는 훈련을 통해 우리의 마음과 욕구에도 귀 기울이게 되어 자신의 경험을 민감하게 알아차릴 수 있다. 즉, 자비는 고통을 무시하는 것이 아니라 고통에 접근한다는 것을 보여 준다.

(3) 연민

세 번째 자비 속성은 연민(sympathy)이다. 연민이라는 단어를 들었을 때, 우리는 대부분 동정(pity)을 떠올릴 수 있다. 동정은 연민과 거의 동일한 의미로 사용되지만, 문맥에 따라서 누군가를 딱하게 여기어 동정을 받는 이로 하여금 자신의 상황을 비참하게 인식하게 하여 열등감을 유발할 수 있기 때문에 부정적 의미를 내포하고 있다. 반면에 연민은 자신과 타인의 고통에 대해 동요되는 정서적 능력을 의미한다.

우리는 실제로 경험하지 않더라도 타인의 고통에 연민적 반응을 할 수 있다. 예를 들어, 누군가가 문에 발가락이 부딪혔거나 문틈에 손이 꼈을 때 당사자가 아니더라도 자동적으로 '악' 하는 소리와 함께 아픈 표정을 지을 수 있다. 이는 상대방의 고통을 함께 경험한다는 것이다. 이러한 연민적 경험 자체만으로도 자비라고 이야기할 수 있다. 타인의 고통에 정서적으로 공명할 수 있는 능력이 중요한 이유는 이것이 이후의 다른 도움 행동으로 이어질 수 있기 때문이다. 앞선 예시를 다시 떠올려 보자. 부상을 입은 상대방의 고통에 연민을 느끼면 그 이후에는 고통스러워하는 상대방에게 위로의 말을 건넬 수도 있고, 약을 챙겨줄 수도 있다. 즉, 자비의 수레바퀴가 잘 돌아갈 수 있도록 해 주는 중요한 속성이라고 볼 수 있다. 또한 연민의 경험은 상대의 고통을 함께 경험하는 것이기 때문에 나 역시도 그 고통을 동시에 느낀다. 따라서 다음에 나오는 고통 감내력이 필요하다.

(4) 고통 감내력

네 번째 자비의 속성은 고통 감내력(distress tolerance)이다. 우리는 돌봄의 동기를 갖고, 고통에 대해 더 민감해질 수 있으며, 연민을 느낄 수 있다. 그러나 이러한 자질들은 어렵고 잠재적으로는 다른 고통스러운 느낌들로 이어질 수도 있다. 예를 들어, 자신이나 다른 사람의 고통에 극심하게 압도되는 듯한 느낌을 받았을 때, 오히려 그 고통에서 도망치려고 애쓸 수 있다. 그러므로 고통을 마주하여 견뎌 낼 수 있는 능력은 중요한 자비의 속성이다. 멋진 서퍼가 되기 위해서는 몸이 물에 젖더라도 일렁이는 파도 위에서 중심을 잡아야 하듯이, 마음의 정원을 가꾸기 위해서는 먼저 뒤죽박죽된 내 마음을 바라볼 수 있어야 한다. 어지러운 내 마음의 정원을 보면서 한탄하는 것이 아니라 내 마음이 무엇으로 어지럽혀 있는지를 살펴보아야 무엇이 필요한지를 발견할 수 있다.

자칫 고통 감내력을 마치 인내심이나 참을성을 기르는 것이라고 오해할 수 있다. 고통 감내력은 돌봄의 동기에 기반을 두고 있기 때문에 단순히 참고 인내하는 것이 아니라 돌보는 대상(나, 타인)을 아끼고 진정으로 위하는 현명한 선택의 과정으로 이해하는 편이 그 개념에 더 가깝다. 예를 들어, 모닥불 가까이에 손을 대고 있을 때 모닥불의 뜨거움을 참아야 한다는 건 매우 어리석은 짓이라는 것이다. 여기서 우리는 어떤 고통은 견뎌야 하고 어떤 고통은 견딜 필요가 없는지 구분하는 지혜가 필요하다.

(5) 공감

다섯 번째 자비 속성은 공감(empathy)이다. 공감은 기본적으로 누군가와 정서적으로 함께한다고 느끼는 것이지만, 그 사람의 경험을 상상하는 것, 상대방이 어째서 그러한 방식으로 느끼고, 생각하고, 행동하는지 그 동기와 의도까지 알아차리는 것을 포함한다.

하지만 때로는 공감과 연민을 혼동할 수 있다. 공감과 연민은 많은 사람이 혼란스러워하는 개념으로 이 둘에 대한 구분이 필요하다(Gilbert, 1989). 연민은 고통과 그 고통을 완화시키기 위해 필요한 것에 대한 알아차림과 관련이 있지만, 공감은 이해되는 다른 모든 경험까지 알아차리는 것을 의미한다. 게다가 연민은 즉각적인 행동으로 이어지는 반면, 공감은 행동적 측면에서 경청(listening), 참여(engaging), 찾기(finding out), 알기(knowing), 개념화와 이해(conceptualizing and understanding)가 필요하다. 즉, 공감은 연민보다 깊은 사고가 필요하고 기술적인 측면에서 노력을 요구한다. 연민은 타인에 의해 자신을 움직이지만, 공감의 경우에는 자신이 타인을 향해 움직인다. 따라서 공감은 자신의 정체성(identity)을 잃지 않은 상태에서 상대방을 이해하는 것이다.

(6) 비판단

마지막 자비의 속성은 비판단(non-judgement)이다. 인간이 동물과 다른 것은 바로 이성의 뇌, 소위 까다로운 뇌(tricky brain)를 가지고 있다는 것이다. 물론 이렇게 사고할 수 있는 뇌는 우리의 문명을 발전시키고, 복잡한 문제를 풀어 가는 데 도움을 준다. 하지만 반대로 자신, 타인 및 세상에 대한 섣부른 판단을 함으로써 새로운 경험을 차단하고, 비난하고, 과장하면서 고통을 악화시키기도 한다. 이는 도움이 될 만한 행동들도 차단시킴으로써 부정적인 결과로 이어질 수 있다.

판단한다는 것은 아주 자동적이고 습관적인 뇌의 작용이기 때문에 판단의 과정을 의식적으로 경험하기는 어렵다. 예를 들어, 엄마에게 어떠한 도움도 구하지 않는 학생이 있다고 가정해 보자. 이 학생은 특정한 시점에 '엄마는 항상 내 부탁을 들어주지 않아'라는 판단을 내렸고, 그 이후에 여러 상황에서 엄마에게 도움을 구하지 않는 행동을 보일 수 있다. 다양한 상황을 경험할 때마다 이러한 판단은 자동적으로 작동하기 때문에 이어서 도움을 요구하지 않는 행동도 반사적으로 나타나는 것이다. 그러나 비판단은 자동적으로 일어나는 생각, 판단, 비난, 걱정을 한 걸음 물러나서 바라보는 것을 의미한다. 비판단을 통해서 우리는 자동적으로 일어나는 판단에 의해 반응하고 행동하기보다는 자비와 지혜에 기반을 둔 선택과 행동을 할 수 있다.

우리는 이성의 뇌가 존재하는 인간이기 때문에 완전히 비판단의 상태로 존재할 수는 없다. 자비의 속성이 비판단은 자신이 어떤 판단을 하고 있는지 알아차리고, 한발 물러서 보다 현명하고 지혜로운 행동과 선택을 할 수 있는 능력까지 포함한다.

2. 자비의 힘

불교에서 자비는 인간을 가장 선하고 평온하며 빠르게 정화시키는 수행법으로 쉽고 안전하게 심신의 평온을 얻을 수 있는 방법이라고 할 수 있다. 청정도론(2011)에서는 자비수행을 통해 11가지 이익을 얻을 수 있다고 제안한다. (1) 편안히 잠든다, (2) 편안하게 잠에서 깨어난다, (3) 악몽을 꾸지 않는다, (4) 사람들이 사랑하게 된다, (5) 사람이 아닌 존재들을 사랑하게 된다, (6) 신들이 보호한다, (7) 불, 독극물, 무기가 악영향을 미치지 못한다, (8) 마음이 빠르게 집중된다, (9) 안색이 고요하다, (10) 혼란하지 않게 죽는다, (11) 궁극의 자유에 이르지 못하고 죽으면 행복한 천상(범천)에 태어난다.

한편, 최근 심리치료 및 정신건강 분야에서도 자비 훈련의 효과가 활발히 연구되고 있다. 비록 마음챙김 명상에 비해 자비 훈련에 대한 연구는 비교적 최근에 시작되었으나 이와 관련된 실증적 연구는 매우 빠르게 증가하고 있는 추세이다. 이러한 관심과 함께 자비 기반의 다양한 접근들이 계발되고 있다. 대표적인 프로그램은 다음과 같다. 자비중심치료(Compassion Focused Therapy: CFT), 자비마음훈련(Compassion Mind Training: CMT), 마음챙김 자기자비(Mindful Self-Compassion: MSC), 자애명상(Loving-Kindness Meditation: LKM) 등이 있다. 하지만 여기서는 Gilbert의 자비중심치료(CFT; Gilbert, 2010)와 자비마음훈련(CMT; Gilbert, 2009)을 중심으로 살펴보고자 한다. 먼저 증상의 수준별로 구분하여 임상군의 정신병리 증상 개선에 개입한 연구, 준임상군과 일반인의 정서 조절에 효과적인 연구를 차례로 검토할 것이다. 마지막으로 자비가 생리학적 측면 및 뇌 활성화와 어떠한 연결점이 있는지 살펴봄으로써 자비가 가진 힘을 살펴보고자 한다.

1) 임상군 대상

CMT는 만성적인 정신건강 문제로 인해 고통받는 사람들의 우울, 불안, 자기비난, 수치심, 열등감, 수동행동, 사회적 비교를 유의미하게 감소시키고, 자기진정(self-soothing)과 위안(reassurance) 능력을 증가시키는 데 효과적인 것으로 나타났다(Gilbert & Procter, 2006; Judge, Cleghorn, McEwan & Gilbert, 2012). 조현병 환자를 대상으로 자비를 처치한 연구에서는 참여자들의 조현병 증상이 개선되었을 뿐만 아니라 자신을 향한 적대적인 목소리, 우울, 불안 및 수치심이 감소하고 자비는 증가했다(Mayhew & Gilbert, 2008; Braehler & Schwannauer, 2012). 또한 자비는 외상 후 스트레스 장애를 겪고 있는 사람들의 트라우마 관련 증상을 개선시키는 것으로 나타났다(Beaumont, Galpin & Jenkins, 2012; Beaumont & Martin, 2013; Bowyer, Wallis & Lee, 2014). 자비 훈련을 받은 참여자들은 훈련 이

후 불안과 우울을 비롯한 트라우마 증상과 자기공격(self-attack) 성
향이 감소했다(Bowyer et al., 2014). 또한 과각성 및 트라우마로 인
한 침투적 증상들은 유의미하게 감소했고, 반대로 자기자비는 증
가했다(Beaumont et al., 2012). 이처럼 트라우마를 대상으로 한
CMT의 효과성은 치료가 종료된 시점에서 9개월까지 유지되었다
(Beaumont & Martin, 2013). 비록 트라우마에 적용된 자비 훈련은
그 효과성이 이미 검증된 다른 치료기법들[인지행동치료(CBT), 안
구 운동 민감 소실 및 재처리 요법(EMDR)]과 접목되어 활용되었지
만, 이는 자비가 기존의 치료적 개입의 효과를 촉진시키는 촉진제
(booster) 역할을 할 수 있음을 시사한다.

　또한 자비는 성격장애를 대상으로도 연구되었다. Lucre와
Corten(2013)은 성격장애로 진단받은 사람 중 가혹한 트라우마를
오랜 기간 경험하고 있는 참여자들을 대상으로 16주 동안 CFT기반
심리교육과 자비 훈련을 실시하고, 그 효과성을 양적인 측면과 질
적인 측면으로 나누어 분석했다. 이를 통해 참여자들은 수치심, 사
회적 비교, 우울 및 스트레스 증상이 감소되었고, 자기위안 능력은
증가했다. 그리고 이러한 개선은 프로그램 종료 후 1년까지 지속
되는 것으로 나타났다(Lucre & Corten, 2013). 또한 참여자들의 경험
내용을 분석한 결과에 따르면, 자비 훈련이 정서조절과 자기이해
의 과정에 도움이 된 것으로 나타났다. 비록 참여자가 8명으로 표
본의 수는 작았으나, 오랜 기간 임상군으로 진단받은 사람들의 증
상이 개선되었고 그 효과가 장기간 유지된다는 점에서, 자비가 단
순한 증상 개선뿐만 아니라 스스로 증상을 개선시키는 데 기여할

수 있는 중요한 개념임을 알 수 있다.

한편 자비는 화병 환자의 심리적 고통을 개선하는 데에도 효과적이었다. 화병은 우리나라 문화와 관련된 정신장애로 알려져 있다. 국내 화병 환자들을 대상으로 자비 기반 개입을 실시하고 그 경험 과정을 질적으로 분석한 연구에 따르면, 참여자들은 6단계(시작-극복-자애심-적용-성장-변화)의 변화 과정을 경험하는 것으로 나타났다. 화병 관련 증상을 개선시키기 위해 대안치료로 자비 프로그램에 참여하게 되었지만, 훈련 과정에서 여러 장애물을 경험하고 이를 극복하면서 자애심을 느끼게 된다. 또한 이러한 자애심을 일상생활에 적용하면서 성장과 변화가 나타났다. 구체적으로는 참여자의 화병 증상이 감소하고 긍정정서, 자존감, 연결성 증가 및 사고의 유연성과 자신에 대한 재발견과 통찰이 나타났다(조현주, 김종우, 송승연, 2013).

이처럼 자비는 임상군의 여러 심리적 고통을 개선시켜 주는 것과 동시에 이러한 증상을 조절할 수 있는 자비 수준까지 증가시킴으로써 정신건강의 회복요인이 될 수 있다.

2) 고위험군 및 비임상군 대상

자비는 정신장애를 진단받은 환자들의 증상을 개선시킬 뿐만 아니라 위험군의 정신병리를 예방하는 역할을 할 수 있다. 예를 들어, 자비는 자기비난 및 수치심과 같이 정신병리를 예측하는 공통된 위험요인을 감소시키는 것으로 여러 차례 검증되었다(McEwan

& Gilbert, 2016; Shahar et al., 2015). Shahar와 동료들(2015)은 자기
비난 수준이 높은 사람들을 대상으로 7주간 자애명상(LKM) 프로그
램에 참여했다. 프로그램 종료 후 참여자들의 자기비난과 우울 증
상이 유의미하게 감소했고, 자기자비와 긍정정서는 증가했으며, 그
효과는 3개월까지 유지되었다. 이러한 선행연구에 이어 McEwan
과 Gilbert(2016)는 자기비난 수준이 높은 대학생을 대상으로 연구
를 진행했다. 참여자들은 5분 자비 훈련을 2주 동안 매일 진행했고,
큰 어려움 없이 완수했다. 그 결과, 자기자비와 자기위안의 수준이
증가했고, 자기비난과 우울, 불안, 스트레스 수준은 감소했으며, 그
효과는 실험이 끝난 6개월 후에도 유지되었다. 이러한 연구는 자비
가 일상에서의 짧은 훈련만으로도 우울, 불안 및 스트레스를 조절
하여 개인의 심리적 회복력을 증가시킴으로써 여러 정신병리로의
발전을 예방하는 데 효과적인 개입이 될 수 있음을 보여 준다.

또한 자비는 일반인의 적응적인 정서조절을 도우며, 정신건강
회복의 탄력성 지표로 고려될 수 있다(Leary, Tate, Adams, Allen &
Hancock, 2007; Trompetter, Kleine & Bohlmeijer, 2017). Leary와 동
료들(2007)의 연구에서 자기자비 수준이 높은 사람들은 가상의 부
정적 사건에서도 부적절한 자기감을 완충하는 모습을 보였다. 이
러한 연구를 통해 Leary와 동료들은(2007) 자비가 기존의 정신건강
연구에서 보호요인으로 주목받았던 자존감보다 더 안정적인 보호
요인이 될 수 있음을 제안했다. 최근 Trompetter와 동료들(2017)도
자비가 우울과 같은 심리적 증상을 완충하는 역할을 하며, 정신건
강과 정신병리 사이를 조절하는 탄력성 자원이라고 제안했다.

추가적으로 자비는 자비 훈련 단독으로도 그 효과가 검증되었지만, 기존에 검증된 다른 치료적 접근과 접목되었을 때에도 치료의 효과를 촉진할 수 있다. CFT가 CBT에 비반응적인 대상자들의 치료를 촉진하기 위한 목적으로 개발되었다는 점을 고려했을 때, 자비가 여러 치료적 접근과 융합되어 치료적 효과의 시너지를 낼 수 있을 것으로 보인다.

3) 자비와 신경 · 생리학 및 뇌 과학

자비가 적응적 정서 조절 전략이자 정신건강 회복요인이라는 연구가 축적되면서, 자비의 이러한 효과를 신경 · 생리학적 측면과 뇌 과학적 측면에서 검증하고자 하는 연구도 증가하고 있다.

먼저, 자비의 효과는 미주신경 이론(polyvagal theory)으로 설명할 수 있다. 미주신경(vagus nerve)은 얼굴, 흉부, 복부에 분포되어 있는 뇌의 10번째 뇌신경으로, 미주신경 경로(vagus nerve pathway)는 심장과 얼굴근육 사이를 연결한다(Porges, 2003). 미주신경은 말초신경계와 중추신경계의 양방향 피드백 시스템으로서, 자율신경계의 조율을 통해 얼굴 표정, 목소리 톤까지 조율할 수 있기 때문에 사회적 관여 시스템이라고도 부른다. 따라서 심상을 이용한 자비 훈련은 이러한 미주신경 경로의 부교감 신경계를 활성화하는 동시에 교감신경계의 활동을 억제함으로써 심신의 안정감을 제공할 수 있다. 이처럼 미주신경은 심박을 조율하는 데 중요한 역할을 담당하며, 이러한 지표가 심박변이율(Heart Rate Variability: HRV)로 측정된다. 따라서 심박변이율이 높다는 것은 주어진 환경에 따라 심박의 조절이 잘되고 심신이 안정되어 있다는 것을 의미한다. 즉, HRV는 심신의 건강한 생리적 지표라고 할 수 있는데, 연구들에 따르면 자비로운 이미지를 떠올리는 훈련과 같이 자비개입이 HRV를 증가시키는 것으로 나타났다(Kirby, Doty, Petrocchi & Gilbert, 2017 참조).

이처럼 자비로운 이미지를 훈련하는 것 뿐만 아니라 실제 자신의 음성으로 자비로운 말을 반복하는 것 또한 HRV 증가에 효과적일 수 있다(Luo, Liu, & Che, 2020). 자비로운 자기대화 연구에서 HRV의 증가는 통각의 지표로서 확인되었다. 건강한 사람을 의도적으로 통증(냉통)에 노출시켰을 때, 자비로운 자기대화를 한 집단은 그렇지 않은 집단에 비해 통각을 덜 경험하는 것으로 나타났다. 이러한 결과에 대한 지표는 개인의 보고뿐만 아니라 피부전도율(ECG)과 부교감신경계의 활성화를 반영하는 지표로 알려진 고빈도 HRV(HF-HRV)로도 확인되어, 자비로운 자기대화가 통증에도 효과적일 수 있음이 입증되었다(Arch, Landy, Schneider, Koban, & Andrews-Hanna, 2018; Luo, Liu, & Che, 2020).

또한 자비는 면역 기능을 개선시키기도 했다(Rein, Atkinson, & McCraty, 1995). 자비 심상 훈련에 관한 연구에 따르면, 분노 이미지를 떠올렸을 때와 달리 자비로운 이미지를 떠올렸을 때 면역 기능(S-IgA) 수준이 증가했다(Rein, Atkinson, & McCraty, 1995). 개인의 면역계 개선은 자비 심상훈련의 대상이 타인일 경우에도 관찰되었다(Lutz, Brefczynski-Lewis, Johnstone, & Davidson, 2008).

　　다음으로 자비의 효과는 뇌 영역의 활성화를 통해서도 검증되었다. Engen과 Singer(2015)는 참여자들에게 고통스러운 영상을 보여 주고, 이후 자비명상을 하는 동안 뇌 영역의 활성화를 fMRI로 분석하였다. 그 결과 보상, 동기 및 보살핌과 같은 긍정정서와 관련된 뇌 영역에서 활성화가 나타났다. 특히 자애-자비명상 상태가 되는 것은 타인에 대한 정서적 공명과 관련 있는 뇌도(insula)와 전측대상 피질(ACC)의 증가와 관계가 있었다(Lutz, Brefczynski-Lewis, Johnstone, & Davidson, 2008). 비슷한 연구로 위협적인 사건을 떠올리고 자기위안을 비롯한 자비로운 태도를 취하게 했을 때, 공감과 관련된 뇌도가 활성화되었다(Longe et al., 2010). 또한 정서 조절과 관련 있는 뇌의 복측 영역의 활성화도 관찰되었다(Longe et al., 2010). 이러한 연구는 자비와 같은 긍정정서를 스스로 일으키는 것이 개인의 면역기능을 개선시키는 데도 영향을 미친다는 것을 보여 주며, 자비가 사회적 관계 형성에도 영향을 미칠 수 있음을 보여 준다. 나아가 생리학적인 측정치와 뇌 영역의 활성화를 모니터링하는 것은 전통적인 수행에서 시작한 자비훈련의 효과를 보다 주관적 및 객관적 지표로 재검증함으로써 증거기반 치료의 토대를 제공한다.

　　종합하면, 심리치료에서 자비의 계발은 개인의 정서조절과 자기조절 측면에서 폭넓게 활용될 수 있다. 또한 생리적 변화와 정신건강 및 사회적 기능과 관련된 뇌 영역의 활성화는 자비의 효과가 개인뿐 아니라 사회적 관계로 확장될 수 있는 요소임을 시사하는 것이다. 물론 집단마다 정도의 차이는 있을 수 있으며, 더 많은 연구

가 축적되어야겠지만 전반적인 병리 관련 증상에 효과적이라는 측
면에서 불교적 수련에서 등장한 자비의 개념이 심리치료적 요소로
서 매우 유망한 개입으로 발전 및 진화되는 과정으로 볼 수 있다(조
현주, 2014).

3장

마음챙김-자비
프로그램(MLCP)

삶의 지혜는 불행을 멈추게 하는 것이 아니라
불행 속에서도 건강한 씨앗을 심는 데 있다.

-류시화 『날아가는 새는 뒤돌아보지 않는다』 중에서-

1. 마음챙김-자비 프로그램에 대한 이해

앞서 마음챙김과 자비를 각각 개관하고 그것이 정신건강 및 심리치료 영역에서 어떻게 활용되고 있는지 살펴보았다. 이번 장에서는 마음챙김과 자비의 요소가 모두 포함된 마음챙김-자비 프로그램(Mindful Lovingkindness-Compassion Program: MLCP; 조현주 외, 2014)을 소개하고자 한다. 먼저 MLCP를 개발하게 된 배경을 소개하고, 다음으로 프로그램 내용을 간략히 설명하고자 한다. 마지막으로 MLCP를 적용한 연구를 몇 가지 소개할 것이다. 또한 2부에서는 MLCP를 직접 체험할 수 있도록 구성하였다. (지금 내가 너무 지치고 소진된 상태라면 바로 2부로 넘어가 프로그램을 경험해 보는 것도 좋다.)

1) 마음챙김-자비 프로그램의 개발 배경

마음챙김 명상은 John Kabat-Zinn이 MBSR을 만성통증 환자에게 적용하면서 주목받기 시작했다. 이후 마음챙김 명상은 다양한 심리치료 이론에 접목되면서(예를 들어, DBT, MBCT, ACT) 증상 제거나 변화에 초점을 맞춘 기존의 치료적 접근에서 벗어나 심리적 고통을 마주하고 수용하자는 새로운 심리치료의 방향으로 발전했다.

자비는 Neff(2003)가 자기자비(self-compassion)를 정신건강의 지표로 제안하면서부터 심리치료 영역에서 많은 관심과 주목을 받았다. 이후 Gilbert는 불교사상, 진화심리, 애착이론, 신경과학 등의 경험적 연구를 기반으로 CFT를 개발하고 수치심과 자기비난이 높은 만성 정신장애 환자들을 대상으로 그 효과를 검증하였다(Gilbert & Procter, 2006). 그 이후로 자비를 기반으로 한 여러 프로그램이 개발되었다.

들어가는 말에서도 언급했지만, 마음챙김과 자비의 개념이 동양의 관점에서 나왔음에도 불구하고 국내에서는 여전히 서양의 심리치료 프로그램을 중심으로 임상에 적용된다는 점에 안타까움을 느끼고 있었다. 당시 저자는 다양한 통로를 통해 명상을 체험하고 있었고, 과학적 기반이 부족한 불교의 자비(慈悲)를 증거 기반 연구들로 잘 설명하고 있는 Gilbert 이론이 매우 매력적으로 다가왔다. 이에 인간의 마음을 동양의 불교적 관점(탐진치, 사무량심)과 서양적 관점[행위 모드(doing mode), 존재 모드(being mode), 3가지 정서 조절 시스템(three-emotion regulation system)]에서 이해할 수 있는 프로그램을 계획했다.

그리고 같은 시점에 대학원생들을 지도하면서 상담자들을 위한 프로그램 개발이 필요하다고 느꼈다. 상담 및 심리치료사들은 내담자의 다양한 심리적 고통에 민감하고, 내담자가 심리적 고통을 안전한 공간 안에서 털어놓을 수 있도록 든든한 울타리가 되어 주는 것이 중요하다. 이러한 울타리가 되기 위해서는 상담자 역시 부드럽지만 굳건해야 하며, 자기 스스로가 소진되었을 때 돌볼 수 있는 능력이 필요하다. 특히 초보 상담자는 이러한 소진으로부터 자신을 돌보고 내담자에게 안전한 기지(secure base)가 되어 주기 위한 능력이 부족해 보였다. 하지만 정작 상담 및 심리치료사들의 성장을 위한 프로그램은 거의 찾아보기 어려웠다. 이에 상담자들이 스스로를 돌보고 자신의 자비로움을 계발하여 개인적인 영역에서 나 직업적인 영역에서 성장할 수 있도록 돕기 위해 MLCP를 개발하였다.

2) 마음챙김-자비 프로그램

마음챙김-자비 프로그램(MLCP)은 국내에서 개발한 상담 및 심리치료 프로그램으로 마음챙김 명상과 자비 훈련으로 구성되어 있다. MLCP는 Gilbert의 정서 조절 시스템을 기반으로 구성되었으며 그 외의 심리치료 요소들도 포함되었다. 전반부는 KMBSR의 사마타와 위빠사나 훈련에 토대를 두되 마음 작용을 쉽게 이해하고 경험할 수 있도록 구성하였고, 후반부는 자비로운 마음을 계발하기 위해 심상화를 이용한 명상을 비롯하여 다양한 심리치료 요소를 포함하였다. 저자는 오랜 임상적 경험과 꾸준한 명상 훈련을 통해 자비를 계발하기 위해서는 마음챙김이 선행하는 것이 필요하다고 판단하였다. 이에 마음챙김은 프로그램의 전반부에 그리고 모든 훈련의 시작 부분에 포함하였다.

여기서는 마음의 특성에 대해 간략히 소개하고, MLCP의 전체 구성을 대략적으로 설명하고자 한다(각 회기별 구성은 2부에서 더 자세히 설명하겠다).

먼저, MLCP는 심리교육과 태도를 강조한다. 앞서 언급한 것과 같이 마음 특성을 동양의 관점과 서양의 관점을 통합하여 교육한

다. MLCP에서는 고통스러운 마음의 본질을 다음과 같이 이해하고
자 한다.

① 삶은 생로병사가 있는 고통이다. 불교에서 인간은 늙고, 병들고,
   죽기 때문에 이 세상에 태어나는 것 자체가 고통이라고 본다.
   따라서 고통은 특정한 개인의 것이 아니라 인간이면 누구나
   피할 수 없는 보편적인 경험이라는 것을 이해하는 것이다.

② 고통은 집착할 때 증폭된다. 고통스러운 감정에 몰두하고 집착
   하면 점점 감정의 소용돌이에서 빠져나오기 어렵다. 그러나
   우울이나 불안 같은 고통스런 감정은 고정된 것이 아니라 끊
   임없이 변화한다. 고통이 고정된 것이 아니라 시시각각 변하
   는 날씨처럼 변하고 사라지는 것임을 아는 것이 중요하다.

③ 고통에 덧붙이는 해석이 우리를 더 고통스럽게 만든다. 예를 들어,
   우리는 약간의 실수에 대해서 '나는 실패자이다'라는 판단과
   해석을 덧붙이는 경우를 종종 경험한다. 이럴 경우, 작은 한
   부분으로 나의 전체를 판단하게 되면서 고통 속으로 빠져들
   수 있다.

④ 우리는 고통이 괴로워서 본능적으로 피하려고 한다. 하지만
   Wegner(1994)의 연구에 따르면, 참가자에게 흰곰을 생각하
   지 않도록 지시했을 때 지시 받은 집단이 지시 받지 않은 집단
   에 비해 흰곰을 더 오래 생각하는 것으로 나타났다. 즉, 고통
   을 없애려고 애쓰는 것이 투쟁 모드를 활성화시켜 부정정서
   를 일으키므로 고통을 있는 그대로 기꺼이 마주하는 훈련이

필요하다.

⑤ 마음은 정원과 같다. 우리 마음 안에 있는 자비의 꽃을 찾아서 하나씩 심고, 점차 확대해 간다면 마음의 정원은 자비 본연의 존엄한 모습을 찾게 될 것이다.

마음의 특성을 이해했다면, 다음으로 팔정도(八正道)를 토대로 마음챙김과 자비의 태도를 소개하겠다. 마음챙김의 일곱 가지 태도는 Kabat-Zinn이 팔정도를 일반인이 이해하기 쉽게 쓴 것으로 다음과 같다.

① 판단하지 말라.
② 인내심을 가지라.
③ 초심을 유지하라.
④ 믿음을 가지라.
⑤ 애쓰지 말라.
⑥ 수용하라.
⑦ 내려놓으라.

명상을 하다 보면 여러 가지 어려움을 경험할 수 있다. 예를 들어, 자신의 명상 경험에 대해서 '잘한다' 또는 '못 한다'라고 판단하기도 하고, 눈을 감고 명상 자세를 유지하는 것이 불편해 꼼지락거리고 눈을 뜨고 싶은 마음이 생기거나, 반대로 명상을 잘 해야만 한다는 생각에 투쟁 모드가 활성화될 수 있다. 이러한 경험들은 명상

을 훈련하면서 누구나 경험할 수 있다. 따라서 매 순간 나의 상태를
인식하고, 7가지 태도를 기억하는 것이 필요하다.

팔정도는 부처의 가르침 가운데 인간으로서 마땅히 지켜야 할
8가지 덕목을 의미한다. 이는 일상생활에서 실천해야 할 덕목으로
마음챙김 훈련의 토대이자 심리적 안녕감으로 가는 지름길이다.
따라서 MLCP에서는 팔정도를 자비로운 마음의 관점에서 다음과
같이 안내하였다.

자비의 태도: 팔정도를 자비의 관점으로 보기

- 정견(正見: 바른 견해): 고통의 원인은 집착과 탐욕에 있다는 것을 알기
- 정념(正念: 바른 알아차림): 자비로운 마음으로 매 순간의 경험을 알아차리기
- 정정(正定: 바른 집중): 지금 여기에 집중하고 알아차리기
- 정정진(正精進: 바른 정진): 경험을 바꾸려고 하지 않고 있는 그대로 보려고 노력하기
- 정사유(正思惟: 바른 생각): 내가 고통을 싫어하듯 다른 사람도 고통을 싫어하고, 내가 행복을 바라듯 다른 사람도 행복을 바란다는 세상의 원리를 이해하기
- 정언(正言: 바른 언어): 나뿐만 아니라 주변 사람에게 상처를 주지 않고 친절하게 말하기
- 정업(正業: 바른 행동): 자신의 일을 올바르고 정직하게 수행하기
- 정명(正命: 바른 생활): 자연의 순리를 이해하고, 파괴하지 않고 치유적으로 행동하기

앞에서 언급한 다섯 가지 마음의 특성을 이해하고 명상의 기본 태도 및 팔정도를 숙지한 상태로 자비 훈련에 들어가면 프로그램 과정에서 경험할 수 있는 어려움들이 '자연스러운 마음의 과정'이라는 것을 터득하게 된다. 따라서 훈련하면서 일어나는 어려움이 내 잘못이 아니라는 것을 편안하게 받아들이면 어려움을 극복해 나가는 데 도움이 될 수 있다. 이제 MLCP를 큰 틀에서 한번 살펴보자.

MLCP의 주제는 크게 세 가지이다. **첫 번째는 멈추고 마음 보기다.** 현대인들은 끊임없이 무언가를 하기에 온전하게 자신을 돌아볼 여유를 가지기가 어렵다. 더 나은 성과를 내기 위해 투쟁하고 움직인다. 또한 과학 기술의 발달과 더불어 휴식 시간이 주어지더라도 휴대전화 속 세상에 살고 있는 경우가 많다. 이러한 투쟁 상태는 목표 이외의 것들을 자동적으로 처리하게 만들기 때문에 개인의 의도대로 선택하거나 살아가는 것을 방해한다. 때로는 내가 무엇을 느끼고 있는지, 내가 어떤 생각을 하고 있는지, 어떤 동기가 있고, 내가 진정으로 원하는 것이 무엇인지 모르는 채 살아간다. 따라서 가장 먼저 해야 할 일은 모든 것을 멈추고 단 5분이라도 나를 바라보고 내 몸과 마음이 하는 이야기를 가만히 들어 주는 일이다. 이를 위해서 마음챙김 명상을 진행한다. 마음챙김 명상은 지금 이 순간의 경험을 의도를 가지고 비판단적인 태도로 지켜보는 훈련이다. 마음챙김 명상의 대상은 외부에서부터 시작해서 내면으로 이어지게 되어있다. 외부의 소리를 판단하지 않고 듣는 것에서부터 시작하여 나의 호흡, 신체, 생각, 감정을 있는 그대로 지켜보는 것이다. 또한 연결성 훈련을 통해서 앞서 알아차림한 것들이 나의 욕구(need)와 어떻게 연결되는지 이해할 수 있다. 첫 번째 주제는 마주할 기회가 없었거나 혹은 피하고 싶었던 개인의 경험들을 지켜볼 수 있는 힘을 키워 주는 것이다.

두 번째 주제는 느끼고 사랑하기이다. 앞서 나의 마음 상태를 알게 되었다면, 이제는 그 마음에 자동적이고 습관적으로 반응하는 것이 아니라 다른 선택을 할 수 있는 기회가 주어진다. 다시 말해, 우리는 무한 경쟁의 시대 속에서 투쟁 모드가 필요한 순간이 있다. 하지만 그것이 과잉 활성화되면 부정적 결과를 낳을 수 있으므로 이를 알아차리고 다른 시스템을 활성화시키는 것이 필요하다. 여기서는 감사 명상이 추동자원추구 시스템을 활성화할 수 있다고 안내한다. 또한 다양한 자비 훈련이 진정친화 시스템을 활성화할 수 있다. 즉, 개인이 자비로운 자기를 계발하여 스스로를 돌보고, 자신이 진정으로 원하는 것을 선택할 수 있는 용기를 키울 수 있도록 돕고, 나아가 타인과 세상으로 자비심을 확산하는 훈련을 한다. 이를 위해서는 먼저 자신의 안정 공간(safety place)을 만들고, 나를 무조건적으로 받아 주는 절대자로부터 돌봄과 지지를 받는 경험을 할 필요가 있다. 이로써 내 안의 자비로운 자기를 계발한 뒤, 내 안에 존재하는 다양한 자기(예를 들어, 화가 난 자기, 비난하는 자기, 불안한 자기)를 통합하는 작업이 가능해진다. 자비로운 자기를 충분히 계발하면 이후 타인 및 세상에 대한 자비 훈련으로 나아갈 수 있다. 이때 명상, 심상화, 편지 쓰기 등 다양한 심리치료 방식을 활용한다. 이 과정에서 자비를 두려워하는 사람이 있을 수 있음을 인식하고 이에 대한 작업도 필요에 따라 진행해야 한다. 가령, 자비를

유약함으로 오해할 경우 자비의 다양한 속성을 다시 한번 설명한
다. 만약 과거의 트라우마와 연합되어 자비를 두려워한다면 자비
가 두려울 수 있는 배경에 대해서 함께 탐색하고, 충분히 공감적 반
응을 해 주면서 접근하는 것이 필요하다.

마지막 주제는 **삶을 환영하기**이다. 바쁜 일상 속에서 삶의 균형을
찾는 것은 큰 용기와 의지가 필요하다. 이를 위해서는 우리가 끊임
없이 투쟁하거나 온전히 존재함을 갈구하는 것들 사이에 과연 어
떤 것이 진정한 삶의 의미가 있는지 찾아보는 것이 필요하다. 물론
삶의 가치는 변할 수 있으므로 여기서 삶의 가치를 확정할 필요는
없다. 하지만 내가 에너지를 쏟는 방향이 진정으로 내가 원하는 곳
과 같은 길에 있는지 확인하는 것은 그 길을 걷는 과정을 즐겁게 만
들어 줄 것이다.

이상으로 MLCP의 전반적인 큰 주제를 소개했다. 각 주제에 맞는
구체적인 훈련 내용은 2부에서 확인할 수 있다. 다음으로는 MLCP
의 효과성을 소개하고자 한다.

2. 마음챙김-자비 프로그램의 힘

국내의 일부 치료 프로그램은 개발 이후, 다른 연구자에 의해 그
효과성이 반복 검증되는 경우를 찾아보기 어려웠다. 하지만 MLCP
는 개발자 이외에 다른 연구자에 의해서 꾸준히 반복 검증되고 있
으며, 검증 대상 역시 일반군에서 우울과 사회불안 고위험군과 같

은 준임상 대상으로 확장되고 있다. 그리고 프로그램을 제공하는 방식에서도 다양한 시도(예를 들어, 온라인 제공)를 하고 있으며, 그 효과성을 검증하고 있다.

1) 초보 상담자: MLCP 개발(조현주, 노지애, 이현예, 정성진, 현명호, 2014)

상담 및 임상을 전공하는 초보 상담자를 대상으로 MLCP가 이루어졌다. 총 22명이 참여하였는데, 이들 가운데 12명은 처치집단, 10명은 통제집단에 포함되었다. 참가자들은 프로그램 시작 전에 사전 질문지를 작성하였고, 프로그램 종료 후 사후 질문지를 작성하였다. 프로그램은 매주 2시간 총 8회기로 약 두 달간 이루어졌다. 프로그램은 개발자가 직접 진행하였다.

연구 결과, 프로그램 처치집단은 통제집단에 비해 프로그램 참여 후 마음챙김, 자아존중감이 증가하였고, 심리적 소진이 개선되는 효과가 나타났다. 구체적으로 살펴보면 마음챙김 요소 가운데 자각, 비판단적 수용, 탈중심화가 개선되었는데, 이는 MLCP의 마음챙김 명상의 효과라고 볼 수 있다. 초보 상담자는 자기 스스로가 부족하다는 생각에 휩싸여 반추하고, 자신을 비난하느라 자칫 내담자에게 집중하지 못할 수 있다. 마음챙김은 상담 장면에서 자신의 상태를 조절하여 내담자에게 주의를 집중할 수 있도록 돕는다 (Bruce, Manber, Shapiro, & Constantino, 2010). 또한 MLCP 훈련은 상담자가 스스로의 부족함을 반추하는 것에서 벗어나 그 이면의 긍정적 자기를 발견하고, 자아존중감을 회복하는 것을 도울 수 있다. 상담자는 내담자의 외상경험에 노출될 수밖에 없는데, 이는 상담자 개인의 경험과 연결될 때 상담자에게 이차외상으로 이어질 수 있다(Figley, 2002). MLCP에서 마음챙김은 외상으로부터 한 발짝 물러나 그 경험을 하나의 경험으로 처리할 수 있도록 돕고, 이는 특히 초보 상담자가 상담 장면에서 정서적 불안정성을 회복하는 데 도움이 될 수 있다.

한편 처치집단의 공감 수준이 통제집단의 공감 수준보다 증가할 것이라고 예상했으나 통계적으로 두 집단 간에 유의미한 차이가 없었다. 이러한 결과는 MLCP가 상담자의 공감을 개선하는 데 효과적이지 않을 수도 있다는 가능성을 보여 주는 것일 수도 있지만, 처치집단이 통제집단에 비해 사전 공감 점수가 높아 천정효과로 인해 통계적 차이가 나타나지 않았을 수도 있기 때문에 추가적인 검증이 필요하다.

상담 및 심리치료사는 전문적 자질 및 개인적 자질 모두를 요구한다. 따라서 상담 및 심리치료사는 끊임없이 새로운 이론과 개입을 익혀 내담자에게 가장 최선의 방법을 강구하는 것이 필요하다. 이와 더불어 무엇보다도 중요한 것은 상담 및 심리치료사 자신이 '좋은 치료적 도구'라는 점이다. 그러나 상담 및 심리치료사 자신을 치료도구로 잘 활용하려면 먼저 자기 이해와 치유 및 성찰이 앞서야 한다. 이를 위해서는 교육 분석이 요구되는데, 시간과 비용의 측면 때문에 접근성이 떨어지기도 하고, 때로는 '어떤 분석가를 선택해야 하는가' 하는 고민으로 적절한 시기에 자신의 문제를 해결하지 못하고 오랜 시간을 끌기도 한다. MLCP는 그런 상담 및 심리치료사의 어려움을 스스로 해결하는 데 좋은 도구가 될 수 있을 것이다. 그리고 상담자가 스스로를 이해하고 사랑하는 방식은 분명 내담자가 스스로를 돌보고 사랑하는 방식에도 긍정적 영향을 미칠 것이다. 이러한 이유로 MLCP가 취약한 상황에 놓인 내담자를 돌보는 상담 및 심리치료사들의 정신건강에 도움이 될 수 있을 것이라 생각한다.

2) 우울 경향 대학생(정혜경, 노승혜, 조현주, 2017)

우울 경향을 가진 대학생들의 우울, 반추를 개선하고, 마음챙김, 자기자비, 사회적 유대감을 증진하기 위해서 MLCP를 실시했다. 총 34명이 참여했는데, 처치집단은 16명, 통제집단은 18명으로 구성되었다. 1저자는 프로그램 진행 전에 MLCP 개발자의 프로그램에 참여하고, 세 차례 예비 프로그램을 지도감독 받았다. 또한 프로그램을 진행하면서도 매 회기 전과 후에 박사과정 1인과 MLCP 개발자로부터 지도 및 감독을 받았다.

연구 결과, 프로그램 처치집단은 통제집단에 비해 우울, 반추가 감소하였고, 마음챙김, 자기자비, 사회적 유대감은 증가하였다. 이러한 효과는 프로그램 종료 4주 후에도 유지되었다. 연구 결과는 MLCP가 우울 경향을 가진 대학생의 심리적 고통을 감소시키고, 사회적 유대감을 증진시켰다는 것에 의미가 있다.

3) 사회불안장애 및 사회불안 경향 대학생(오프라인/ 온라인) (류석진. 2019)

MLCP가 사회불안 증상 및 기제와 과정 변인에 효과적 인지를 오프라인과 온라인 방식으로 검증하였다. 먼저 오프라인에서는 사회불안 임상군을 선정하기 위해 사회불안 척도의 절단 점수와 SCID-5-CV(Structured Clinical Interview for DSM-5 Disorders Clinical Version; First, Williams, Karg, & Spitzer, 2015)를 활용하였다. 총 34명이 참여하였고, 이들은 총 4번의 설문에 참여하였다(프로그램 이전, 3회기 후, 종료 후, 종료 2달 후).

MLCP에 대한 접근성을 높이기 위해 온라인 프로그램으로 개발하여 그 효과성을 검증하였다. 사회불안 준임상군을 대상으로 사회불안을 예방하는 것에 초점을 두고 참가자를 모집했다. 선별된 사람들 가운데 우울과의 공존 가능성을 고려하여 우울 점수에서 중증 이상인 경우에는 연구에서 제외하였다. 총 55명이 연구에 참여하였고, 이들 역시 오프라인 참가자처럼 4번의 설문에 참여하였다. 온라인 프로그램은 접속 사이트에 접속하여 해당하는 회기의 교육을 스스로 읽고, 훈련 내용을 클릭하는 방식으로 개별적으로 진행했고, 마지막으로 훈련한 내용을 활동지에 작성하여 운영자에게 보내면 피드백을 받을 수 있도록 구성되어 있다.

두 가지 연구 모두에서 처치집단은 프로그램 종료 후 사회불안 증상이 상당히 개선되었다. 이러한 결과는 변화의 과정으로 생각되는 요소(예를 들어, 마음챙김, 자비, 탈중심화, 수용)가 사회불안을

유지시키는 것으로 알려진 여러 요소(예를 들어, 부정적 평가에 대한
두려움, 자기초점주의, 반추)에 영향을 주면서 나타난 것이라고 보았
다. 즉, 과정변인이 위협보호 시스템의 과잉 활성화를 끄고(off) 진
정친화 시스템의 활성화를 켜는 데(on) 도움을 준 것이라고 볼 수
있다. 마지막으로 이러한 효과가 두 달간 유지된 것으로 나타났다.
비록 오프라인과 온라인 모두 참가자의 경험에 대해 운영진의 피
드백이 있었지만, 온라인 MLCP는 개인적인 훈련을 토대로 진행되
기 때문에 스스로 일상생활이나 개인이 필요한 순간에 활용할 수
있다는 점에서 유용한 개입이 될 수 있다. 추가적으로 온라인에서
사회불안 점수가 높은 17명을 선별하여 오프라인 연구 결과와 비
교하였다. 연구 결과, 변화의 양상이 오프라인과 온라인 프로그램
모두에서 유사하게 나타났다. 즉, MLCP는 사회불안 증상을 개선
하는 데 효과적인 프로그램이면서 동시에 그것을 제공하는 방식에
있어서도 그 효과가 유사하다는 것을 확인한 연구였다.

4) 자기비난 경향 대학생(노승혜, 2020)

가장 최근에는 MLCP가 자기비난 경향이 높은 대학생의 자기비
난 개선에 효과적임이 검증되었다. 대상자는 자기비난 수준이 높
고, 자기위안 수준이 낮은 대학생으로 총 8회기의 MLCP에 참여했
다. 총 38명이 연구에 참여했고, 처치집단은 대기 통제집단에 비해
프로그램 이후 자기비난 수준, 수치심, 우울, 불안 및 스트레스, 정
서조절 스키마가 감소하는 것으로 나타났다. 반대로 처치집단은

대기 통제집단에 비해 자기위안, 마음챙김, 자비, 삶의 만족도가 증가한 것으로 나타났다. 이러한 효과는 생리적 측정치에서도 발견되었는데, 생리적 유연성의 지표인 심박변이율(HRV)이 처치집단에서 증가한 것으로 나타났다. 또한 주관적 보고에 의한 개선정도는 프로그램 종료 1개월 후 3개월까지 유지되는 것으로 나타났다. 자기비난이 높은 사람들은 자기비난이 자동적으로 일어나고 그것에 자동적으로 반응하기 쉽다. MLCP의 마음챙김 훈련은 이러한 자기비난의 자동적 처리와 반응을 의식적으로 처리하고 반응할 수 있도록 돕고, 자비 훈련은 비난의 방식이 아닌 자신을 돌보고 지지하고 수용하는 방식으로 반응할 수 있도록 돕는다. 따라서 MLCP는 여러 정신병리의 위험요인인 자기비난을 개선시키는 데 기여함으로써 정신병리의 예방적 효과를 발휘할 수 있음을 제안할 수 있다.

5) 자비척도 개발(Cho et al., 2018)

자비가 상담 및 심리치료 영역에서 정신건강의 지표로 주목받으면서 이와 관련된 척도들이 개발되었다. 이번 장의 서두에서 언급한 바와 같이 자비가 동양적 관점에서 나왔지만 국내에서는 서양의 치료에 흡수된 이론을 적용하듯이, 척도 역시 서양에서 정의한 자비의 개념을 바탕으로 개발되고 그것을 다시 번역하여 타당화한 척도를 사용하고 있는 실정이다. 이에 본 저자는 전통적인 자비의 개념을 이해하고 그에 맞는 척도를 개발하는 것이 필요하다고 생각하여 오랜 기간 자비 명상을 수련한 스님 및 학승을 인터뷰하여 자비척도를 개발하였다.

흥미롭게도 자비척도에서는 기존의 척도(Neff의 자기자비는 자기
친절, 보편성, 마음챙김 요인)와 달리 나 자신뿐 아니라 세상의 모든
존재에 대한 연민과 사랑의 마음이 포함되어 있었고, 이러한 자비
의 개념은 '사랑'과 '연민'의 요인으로 나타났다. '사랑'과 '연민' 요인
외에 특히 '자기중심성'이라는 요인이 나타났다. 자기중심성은 『청
정도론』(2004)에서 자비 훈련을 방해하는 요소라고 이야기한 탐
(貪), 진(瞋), 치(癡)와 이어지는 개념이다. 자기중심성은 나와 타인
을 구분함으로써 일어나는 집착, 욕심 등을 의미한다. 따라서 모든
세상 존재와의 연결성을 의미하는 자비와는 상반되는 개념이라고
할 수 있다. 이러한 요소가 척도에 포함된 것은 동양에서 정의하는
자비의 개념을 잘 반영한 것이라고 볼 수 있다. 또한 자비 기반 프
로그램의 효과를 검증할 때 기존의 척도는 자기 자신에 대한 자비
심만을 측정할 수 있어 그것이 타인에 대한 마음으로 확장되었는
지를 확인하는 데 한계가 있었다. 실제로 자비 개입에 대한 메타연
구에 따르면, 연구의 20%만이 자비를 측정했으며, 76%가 자기자
비를 측정했다(Kirby, Tellegen, & Steindl, 2017). 따라서 자비 프로그
램의 효과를 검증하는 데 있어 Cho와 동료들(2018)이 개발한 자비
척도가 중요한 지표로 활용될 수 있을 것이다.

독자들도 2부에서 프로그램을 시작하기 전에 자비척도를 활용
하여 자신의 자비 수준이 프로그램 경험에 따라 어떻게 변화해 가
는지 살펴보는 것도 좋겠다(부록 참조).

2부

멈추고, 느끼고, 사랑하라:
자기 성장을 위한
마음챙김-자비 프로그램(MLCP)

잠깐! 멈추고, 읽어 보기

MLCP를 어떻게 활용할 것인가

앞서 마음챙김과 자비 그리고 MLCP에 대한 이론적인 내용들을 꼼꼼히 살펴보았다면, 2부에 대한 기대가 클 수 있다. 그렇다면 2부를 어떻게 활용할 것인지, 주의해야 할 점은 어떤 것들이 있는지 잠깐 짚고 넘어가자.

Q. MLCP의 각 회기는 어떻게 구성되어 있는가?

1부 3장에서 간략히 언급했지만, MLCP는 총 8회기로 구성되어 있다. 1~3회기까지는 마음챙김 훈련이 핵심이고, 4~7회기는 자비 훈련이 핵심이다. 마지막 8회기는 삶의 의미를 찾는 내용이다. 모든 회기는 그 회기에서 훈련하는 내용에 대한 교육을 우선으로 하고, 실제 스스로 훈련해 보고 경험 내용을 작성할 수 있도록 구성하였다. 또한 경험 과정에서 흔히 보고하는 내용을 Q & A로 정리하였다. 마지막에는 Key point로 각 회기의 핵심 내용을 정리하였다.

교육 → QR코드 (자가훈련) → 경험 내용 작성 → Q & A → 숙고하기 → Key point

Q. MLCP의 각 회기는 매일 진행해야 하는가?

MLCP는 단계별로 구성된 프로그램이기 때문에 순서에 따라 진행하기를 권장한다. 또한 매일 한 회기씩 진행할 수도 있지만, 앞선 훈련이 충분히 숙지가 되어야 다음 훈련으로 자연스럽게 이어질 수 있다. 특히 명상 경험이 처음인 독자라면 한 회기를 짧게는 3~4일, 길게는 일주일 동안 충분히 훈련하여 주의를 지금 여기로 가져오는 마음챙김 훈련을 익히는 데 공을 들이기 바란다. 왜냐하면 뒤이어 나오는 훈련에서 부정적인 감정을 마주할 때, 마음챙김이 충분히 훈련되어 있지 않으면 그 감정에 빠지거나 혹은 강한 저항이 올라올 수 있기 때문이다.

> ❗ 한 회기의 훈련을 충분히 경험하고 다음 훈련으로 넘어가기

Q. MLCP를 혼자 진행해도 괜찮을까?

그렇다면 명상 훈련을 혼자서 진행해도 괜찮을까? 명상에 대한 대중적인 관심이 높아지면서 사람들은 혼자서 명상을 시도하기도 하고, 때로는 심리치료 전문가가 아닌 사람들이 명상을 치유 목적으로 진행하기도 한다. 하지만 명상이 깊어지면 의식의 변용 및 확장이 일어나기 때문에 예상치 못하게 시각 혹은 청각적 일탈, 환청, 독특한 신체 경험을 할 수도 있다(Kornfield, 1979). 일각에서는 이러한 경험을 명상의 부작용이라고 부르고, 정신과적 병력이 있거나 자아가 약화된 사람이 명상을 하는 것은 위험하다고 경고한다. 그러나 또 다른 일각에서는 이러한 명상의 부작용을 의식의 연속성에서 보면 의식이 깊어지는 과정에서 일어날 수 있는 자연스러운 현상이라고도 말한다. 다만, 명상 중 경험하는 현상이 고정된 실체가 아니라 찰나적인 현상이라고 피드백을 주고 안내해 줄 지도

자가 있어야 안정적으로 경험할 수 있다. 그러나 이러한 명상의 부작용은 주로 오랜 시간 명상만 수행할 때 보고되고, 마음챙김 기반 심리치료들(MBCT, ACT, DBT, MLCP 등)에서는 나타나지 않았다(조현주, 2018). 왜냐하면 이러한 마음챙김 기반 심리치료들은 심리치료 이론에 근거하여 심리교육이 선행되고, 명상이 다른 심리치료 요소와 더불어 제공되기 때문이다. MLCP에서는 독자들이 혼자서도 안전하게 명상을 경험할 수 있도록 먼저 마음챙김에 대한 기본 태도 및 마음에 대한 교육을 포함하였고, 매 회기마다 훈련의 목적과 방향성이 안내되어 있으므로 반드시 이를 숙지한 뒤 QR 코드를 통해 경험하길 적극 권장한다.

> **!** 구조화된 명상 프로그램은 교육 내용을 충분히 숙지하면서 경험하는 것이 안전하다.

그럼에도 불구하고 명상훈련을 하면서 평소 의식하지 못했던 상처받은 기억들이 불쑥 떠올라 감정의 소용돌이에 빠질 수 있다. 이러한 감정을 만나는 것은 매우 고통스럽기 때문에 저항하고 회피하고 싶은 마음이 들 것이다. 이는 지극히 자연스러운 반응이다. 그럴 때는 힘든 감정이 신체의 어느 부위에서 일어나는지 관찰해 보고, 그 신체 부위(예, 가슴, 어깨, 배 등)에 손을 얹고 부드럽게 호흡한다. 천천히 숨을 들이마시고 천천히 내쉬기를 반복한다. 그리고 '이 감정이 그동안 얼마나 소외되었으면 지금 나에게 찾아왔는가?', '얼마나 힘들었으면 자신의 이야기를 들어달라고 노크하는가?' 그 마음을 헤아려 주고, 지금의 감정을 충분히 인정해 준다. 그리고 다시 한번 부드럽게 호흡하면서, 숨을 들이마실 때 부드러운 공기가 들어오고 숨을 내쉴 때 불편감이 빠져나간다고 상상하면서 호흡에 집중한다. 점차 마음이 안정화될 것이다. 마음이 안정된 후에는 지금의 경험이 어떻게 느껴지는지, 자신에게 무슨 의미가 있는지 성찰의 시간을 가져 보는 것이 자기 이해에 도움이 될 것이다.

　이처럼 마음훈련 여정에서 때로는 소소하게, 때로는 크게 감정의 소용돌이를 경험하는 것은 자연스러운 일이다. 이것은 그동안 힘들었던 감정들이 마음속 감옥에서 벗어나 변화를 원하고 있다는 강력한 신호인 것이다. 이 시기에 주변의 상담 및 심리치료 전문가에게 도움을 요청하여 힘든 감정을 안정적으로 만나게 된다면, 당신은 그곳에서 상처 뒤에 가려진 더 많은 보석 같은 자원들을 만나게 될 것이다. 당신 안에 이미 충만하고 지혜로운 자비의 씨앗이 존재함을 상기하기 바란다. 자기 안에 자비의 씨앗을 발견하고 어떻게 돌보는지는 바로 당신의 선택에 달려있다. 그리고 이 책을 통해 MLCP를 경험하는 것이 부족하다고 여겨지고 지도자의 안내가 필요하다고 여겨지면 추후에 열릴 예정인 MLCP 집단 프로그램에 참여하여 궁금증을 해결하고, 집단 속에서 더 큰 공명을 경험해 보기를 권한다. 추후 일정은 학지사 에듀(https://www.counpia.com)에 게시할 예정이다.

MLCP에 오신 것을 환영합니다.

'멈추고, 느끼고, 사랑하라' 개요

구성	주제	내용
첫째 날	멈추고 마음 보기	심리교육 소리 마음챙김 호흡 마음챙김
둘째 날		신체, 감정 및 생각 마음챙김
셋째 날		부정적 사건 마음챙김 긍정적 사건 마음챙김
넷째 날	느끼고 사랑하기	안정 공간 만들기 따뜻한 대상 만나기 감사하기
다섯째 날		자비 속성 찾기 내 안의 자비로운 나 만나기 감사하기
여섯째 날		자비 확산하기 자비 편지 쓰기
일곱째 날		자비 보내기 (좋아하는 대상, 고통받는 대상)
여덟째 날	삶을 환영하기	삶의 의미 찾기 일상으로 가져가기

첫째 날
멈추고 마음 보기
하나

소리 마음챙김

호흡 마음챙김

판단하지 말라.
인내심을 가지라.
초심을 유지하라.
믿음을 가지라.
애쓰지 말라.
수용하라.
내려놓으라.

-마음챙김의 7가지 태도-

1. 첫째 날 안내

오늘은 고통의 본질과 마음의 작용에 대해 이해하고자 합니다. 그런 다음 마음챙김 태도와 자세, 규칙을 학습한 뒤 소리 마음챙김과 호흡 마음챙김에 대해 훈련해 보겠습니다.

1) 고통의 본질에 대한 이해

현대 사회는 과학 기술의 발달로 많은 문명의 혜택을 받는다는 이점도 있지만, 반대로 무한 경쟁 속에서 고군분투하기에 스트레스가 많습니다. 현대인들은 남에게 뒤처지지 않을까 두려워하고 있기 때문에 자신을 사랑하기 어렵고, 또 자기와 타인을 경계하고 심지어 혐오하기도 합니다. 그야말로 삶은 투쟁의 연속이고, 전쟁과 기아, 생로병사가 있기에 고통 그 자체입니다. 이것이 고통의 본질 하나입니다.

고통의 본질 둘, 고통에 집착하기 때문에 고통이 커집니다. 고통스러운 감정은 시시각각으로 변화하는 날씨처럼 시간과 맥락에 따라 변화합니다. 우리의 삶은 고통 속에 피는 연꽃처럼 고통 속에서도 가족 간의 혹은 이웃 간의 행복이 있고, 전쟁 속에서도 사랑이 싹트고, 기아로 고통을 받는 이들을 위해 돕고 헌신하는 마음이 있으므로 삶이 살 만하기도 하고 풍요롭기도 합니다. 우리가 삶의 고통을 있는 그대로 마주하면 희로애락을 함께 경험하게 되지만, 고통에 집착하는 태도는 고통을 증폭시키기도 하고 오랫동안 유지시키기도 합니다.

고통의 본질 셋, 고통에 덧붙이는 해석이 평가, 비교, 판단으로 과장되거나 파국적이면 고통이 매우 증폭된다는 것입니다. 예컨대, 시험 성적이 떨어진 사건에 대해 '나는 인생의 실패자이다' '더 이상 미래가 없다' 등 그 경험을 있는 그대로 바라보고 마주하기보다는 평가, 비교, 판단하여 부정적이고 비판적으로 해석할 때 고통이 더욱 증폭됩니다. ACT에서는 앞서 언급한 것과 같은 인간의 언어가 심리적 고통의 원인이 된다고 봅니다.

고통의 본질 넷, 고통은 아프고 괴롭기 때문에 본능적으로 회피하려고 하는데 오히려 회피가 고통에서 벗어나지 못하게 만든다는 것입니다. Wegner(1994)의 연구에서 참가자에게 흰곰을 생각하지 말라고 지시했더니 지시 받은 집단은 지시 받지 않은 집단에 비해 오히려 흰곰 생각을 오래 하는 것으로 나타났습니다. 즉, 고통이 일어났을 때 없애려고 애쓰고 회피하는 것이 오히려 부정적인 생각이나 정서를 오래 지속시키는 주범인 것으로 밝혀졌습니다. 따라서 고통을 회피하기보다는 인생 경험의 한 과정으로 '있는 그대로 받아들이는 마음챙김이나 수용'이 역설적이게도 고통을 개선하는 데 효과적임이 증명되었습니다. 이처럼 1970년대부터 마음챙김과 수용이 증상 치료에 효과적인 기제임이 밝혀지면서 마음챙김 훈련을 치료 영역에 적극적으로 수용하기 시작했습니다. 대표적으로 우울증 재발에 효과적인 마음챙김 기반 인지치료(MBCT), 변증법적 행동치료(DBT), 수용전념치료(ACT), 그리고 마음챙김 기반 스트레스 감소 프로그램(MBSR) 등이 있습니다.

2) 마음 작용에 대한 이해

하나, Segal, Williams와 Teasdale(2002)은 우리의 마음을 행위 모드(doing mode)와 존재 모드(being mode)로 설명하였습니다. 행위 모드는 목표지향적이고 성취 행위에 몰두되어 있어 현실에서 목표와 괴리된다고 인식될 때 작동됩니다. 즉, 바람(want)과 일치하지 않을 때 먼저 괴리감을 줄이고자 목표를 달성해야 한다는 압박감을 느끼고, 과거에 부족하거나 미래에 염려되는 것을 모니터링하면서 이에 집착하여 부정적인 감정에 휩싸이게 되는 것입니다. 다음으로 모든 주의가 목표 성취에 가 있으므로 그 외의 일상생활은 자동적으로 처리하게 되는 것이죠. 예를 들어, 1교시 학교 수업에 지각하지 않겠다고 목표를 정했다면 학교에 가기까지의 활동들, 가령 아침에 일어나서 세수하고, 이를 닦고, 식사하고, 차를 타는 등 일련의 활동들이 생생하게 체험되기보다는 자동적이고 습관적으로 처리되어 생생하게 체험하지 못하게 됩니다.

따라서 우리가 삶을 활기 있고 생생하게 경험하려면 행위 모드에서 존재 모드로 전환(switch)하는 것이 필요합니다.

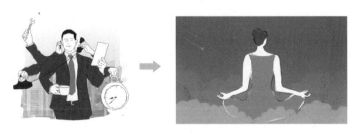

[그림 1] 행위 모드에서 존재 모드로 가기

둘, Gilbert(2010/2014)는 우리의 마음은 진화해 왔고, 구체적으로 정서 조절 시스템에 의해 작동된다고 설명하였습니다. 신경과학 연구에 따르면, 우리의 뇌는 파충류 제1의 뇌(생명의 중추), 포유류 제2의 뇌(감정의 중추), 인간의 제3의 뇌(이성의 중추)로 진화되어 왔습니다. 각 뇌는 목표와 기능이 다르지만 서로 연결되어 정보를 주고받아 효율적으로 작동하기도 합니다. 하지만 서로 다른 기능들이 한 공간에서 존재하기 때문에 마음이 혼란스럽기도 합니다. 그러나 각각의 기능은 환경에 적응하기 위한 진화의 산물로서 서로 연결되고 각 기능이 일어나는 타당한 이유가 있습니다. 예를 들어볼까요? 인간은 생존을 위해 외부로부터 영양분을 공급받아야 합니다. 즉, 인간은 배가 고프면 살 수가 없습니다. 이와 마찬가지로 약자인 인간은 거친 자연에서 생존하기 위해 공동체를 형성해야 했습니다. 혼자서는 살아갈 수 없는 인간은 다른 사람과 더불어 살아가야 합니다. 다시 말해 인간이 배고픔을 해소하고 싶은 마음, 더 나아가 인정받고 싶은 마음, 친밀 욕구와 같은 동기(desire)는 생존에 필수적이라는 것입니다. 이러한 동기가 충족되면 긍정정서를 경험하게 되지만, 충족되지 않고 좌절되면 부정정서를 경험하게 됩니다. 또한 긍정정서를 경험하게 되면 시야가 넓어지고 긍정적 사고를 갖게 되고, 부정정서를 경험하게 되면 시야가 좁아지면서 부정적 사고로 이어지기 쉽습니다. 이처럼 우리의 뇌 안에는 동기와 정서, 인지가 끊임없이 상호작용합니다.

한편 Gilbert는 우리 뇌 속에는 동기와 관련하여 정서를 조절하는 세 가지 정서 조절 시스템이 존재한다고 가정했습니다. 뇌 속의 정서 조절 시스템은 어떤 시스템이 활성화되느냐에 따라 생리화학적 호로몬 분비도 달라지기 때문에 우리의 몸이 뇌와 긴밀하게 소통하고 있다고 봅니다. 여기서 세 정서 조절 시스템은 생존을 위해 위협으로부터 자신을 보호하거나 방어하고자 하는 욕구(투쟁/도피/얼음)와 관련한 **위협보호 시스템**(the threat-protection system)과 애착과 관련된 친밀 욕구, 돌봄과 보살핌의 욕구와 관련한 **진정친화 시스템**(the soothing-affiliaitive system), 그리고 성취와 번영을 위한 쾌락, 즐거움으로 연결되는 **추동자원추구 시스템**(the drive-resource seeking system)입니다. 현대인들 대부분은 과도한 성취, 그리고 스트레스에 압도되어 있기 때문에 늘 위협보호 시스템이 과잉 활성화되거나 쾌락에 매달리는 추동자원추구 시스템이 활성화되어 심리적인 문제를 낳게 됩니다. 따라서 세 정서 조절 시스템의 각각의 기능을 잘 이해하고, 필요에 따라 각기 다른 시스템을 활성화하는 방법을 배워 **정서 조절 시스템이 균형을 이루어야 심리적으로도 유연해지고 몸과 마음이 안정감을 갖게 됩니다.** 정서 조절 시스템의 기능은 다음과 같습니다.

위협보호 시스템은 내외적인 자극이 위협적으로 지각될 때 자신을 보호하기 위해 작용되는 생존 기제로, 스트레스 호르몬인 코르티솔(cortisol)이 분비되어 투쟁, 도피 혹은 얼음 반응(freeze)을 일으킵니다. 이 시스템을 간단히 **투쟁 모드**라 부르겠습니다. 투쟁 모드에서 우리는 주의가 협소해지고, 두려움, 공포 정서, 위협적인 생각과 이미지, 경직되고 경계된 행동, 감각의 마비 등을 경험할 수 있습니다.

위협보호 시스템

진정친화 시스템은 종족 보존을 위해 애착 관계를 형성하는 것과
관련되어 옥시토신을 분비합니다. 이는 위협으로부터 벗어나 진정
과 휴식, 위안, 타인과 연결되는 자비로움 등으로 정서적 회복 작용
을 합니다. 간단히 **자비 모드**라 부르겠습니다. 자비 모드에서 우리
의 주의는 열려 있고, 긍정적인 생각과 이미지, 따뜻함, 연민의 정
서, 친절한 행동, 지혜를 경험할 수 있습니다.

진정친화 시스템

추동자원추구 시스템은 번영을 위해 유인가(incentive), 좋은 것, 성취, 지위를 추구하는 것으로, 세로토닌, 아드레날린이 분비되어 활기찬 정서를 경험하게 되지만, 지나치면 중독에 빠질 수 있습니다. 또한 목표가 좌절되면 분노하거나 우울해져서 바로 위협보호 시스템으로 전환되기도 합니다. 간단히 **활력 모드**라 부르겠습니다. 활력 모드에서 우리의 주의는 목표지향적으로 변하고, 흥분, 쾌감, 확산적 사고와 이미지, 충동적 행동 등을 경험할 수 있습니다.

셋, 우리의 마음은 마음 자세에 따라 마치 수레바퀴처럼 마음의 여러 요소가 특정한 방향으로 함께 굴러갑니다. 예를 들어, 우리가 '경쟁'이라는 관계 유형을 중심으로 세상을 경험한다면 우리의 주의는 상대방과 나를 비교하는 쪽으로 향하고, 실패와 관련된 이미지, 부족한 나를 비난하는 생각과 그로 인한 열등감과 우울감을 경험할 수 있고, 반대로 상대방의 실패에 기뻐하는 경험을 할 수도 있으며, 나 또는 상대방에 대한 공격적인 행동으로 이어질 수 있습니다. 반대로 우리가 '돌봄'이라는 관계 유형을 중심으로 세상을 경험한다면 우리의 주의는 나 또는 주변 사람의 고통에 쏠리고, 걱정하며, 어떻게 하면 도움을 줄 수 있을지 고민하고, 나의 도움으로 편안해진 상대방을 보면서 만족감을 느끼기도 합니다. 문제는 우리가 특정한 관계 유형에 갇혀 있을 때 발생합니다. 하지만 이러한 관계 유형의 수레바퀴는 다양한 맥락과 목표에 따라서 진화된 것이기 때문에 훈련을 통해서 다른 방향, 즉 돌봄의 수레바퀴로 전환시킬 수 있습니다([그림 2] 참조).

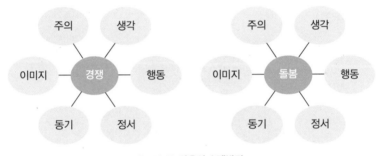

[그림 2] 마음의 수레바퀴

출처: Gilbert(2009) 참조.

넷, 그러나 마음은 정원과 같아서 주인이 정원을 어떻게 관리하느냐에 따라 아름다운 정원이 될 수도 있고, 황폐한 정원이 될 수도 있습니다. 마음의 정원에 자비의 꽃을 찾아 하나씩 심고, 점차 확대한다면 모든 생명체의 존엄성이 저절로 드러나면서 아름답게 빛날 것입니다. 마음속 자비의 꽃은 마치 엄마가 어린아이를 돌볼 때 사랑스런 눈으로 바라봐 주고, 염려해 주고, 배려하고, 지지해 주며, 따뜻한 감정으로 보살피려는 의도를 갖는 것과 같습니다.

3) 마음챙김의 일곱 가지 태도

Kabat-Zinn은 팔정도를 일반인이 이해하기 쉬운 용어로 풀어 마음챙김의 자세를 다음과 같이 설명하고 있습니다.

- 판단하지 말라.
- 인내심을 가지라.
- 초심을 유지하라.
- 믿음을 가지라.
- 애쓰지 말라.
- 수용하라.
- 내려놓으라.

4) 자비의 태도: 팔정도를 자비의 관점으로 보기

- 정견(正見: 바른 견해): 고통의 원인은 집착과 탐욕에 있다는 것을 알기
- 정념(正念: 바른 알아차림): 자비로운 마음으로 매 순간의 경험을 알아차리기
- 정정(正定: 바른 집중): 지금 여기에 집중하고 알아차리기
- 정정진(正精進: 바른 정진): 경험을 바꾸려고 하지 않고 있는 그대로 보려고 노력하기
- 정사유(正思惟: 바른 생각): 내가 고통을 싫어하듯 다른 사람도

고통을 싫어하고, 내가 행복을 바라듯 다른 사람도 행복을 바란다는 세상의 원리를 이해하기

- 정언(正言: 바른 언어): 나뿐만 아니라 주변 사람에게 상처를 주지 않고 친절하게 말하기
- 정업(正業: 바른 행동): 자신의 일을 올바르고 정직하게 수행하기
- 정명(正命: 바른 생활): 자연의 순리를 이해하고, 파괴하지 않고, 치유적으로 행동하기

5) 가벼운 스트레칭

마음챙김 훈련은 몸과 마음이 충분히 이완되어야 효과를 볼 수 있습니다. 따라서 모든 마음챙김 훈련을 시작하기 전에 서서 하든 앉아서 하든 가벼운 스트레칭을 하고 시작하면 좋습니다. 예를 들면, 자세는 정면을 향하도록 하고 자연스럽게 숨을 들이마시고 내쉬면서 두 손을 깍지 낀 채로 두 팔을 위로 올려 쭉 뻗어 보고, 내쉬면서 내리고 숨을 들이마시고 내쉬면서 두 손을 뒤로 돌려 두 팔을 아래에서 위로 올립니다. 자연스럽게 호흡하면서 오른손으로 반대편 무릎을 감싸고, 왼쪽 팔을 들어 귀 옆으로 가져간 뒤 왼쪽 갈비뼈 사이사이를 이완해 봅니다. 숨을 들이마시고 내쉬면서 반대로도 해 봅니다. 이제 두 다리도 앞으로 쭉 펴고 발끝을 세웠다 앞으로 구부렸다를 반복하고, 두 발을 좌우로 돌려도 보고, 좌우로 흔들어 서로 마주치면서 이완해 주십시오. 고개도 천천히 오른쪽으로

돌리면서 목 근육 하나하나가 풀어지도록 두세 번 반복한 뒤 반대로도 같은 횟수만큼 합니다. 양쪽 어깨를 한껏 위로 올렸다가 툭 내려놓는 등 각자 알고 있는 스트레칭 자세를 취하면서 몸을 충분히 이완해 봅니다.

6) 마음챙김 자세:
마음을 바라보기 전에 먼저 몸을 준비해야 합니다.

마음챙김을 하기 전에 마음챙김 자세를 강조하는 이유를 잠깐 언급하겠습니다. 여러분의 심장이 아주 빨리 뛰거나(예를 들어, 중요한 일을 앞두고 긴장될 때) 혹은 철렁한 순간(예를 들어, 공포스러울 때)이 있으신가요? 그럴 때 나의 모습을 거울에 비춰 보면 경직된 얼굴 표정을 보게 될 겁니다. 반대로 심장이 천천히 안정적으로 뛸 때도 있으실 겁니다. 이때는 조금 전과는 반대로 표정이 부드럽고 이완되어 살짝 미소 짓고 있는 나의 모습을 만날 수 있습니다.

이렇듯 우리의 심장과 뇌 사이에는 중요한 통로가 있습니다. 바로 미주신경 통로(vagus nerve pathway)라고 불리는 이곳은 심장과 얼굴 근육 사이를 오고가며 중요한 감각 및 운동 정보를 주고받습니다(Porges, 2003). 즉, 심박의 상태를 뇌에 전달하여 근육의 긴장도를 조절하기도 하고, 반대로 얼굴 근육의 긴장도를 전달하여 심박을 조절하기도 합니다. 또한 심장은 좌우 폐 사이에 있으므로 부드러운 호흡이 심장의 박동을 안정화시킬 수 있습니다.

이러한 이유로 MLCP에서는 마음챙김 훈련을 비롯하여 자비 훈련에서 몸에서 느껴지는 안정감, 부드러운 호흡, 편안하고 이완된 얼굴 표정을 강조하며, 모든 훈련의 시작에 포함하고 있습니다. 훈련에서도 몸의 감각과 느낌을 강조합니다.

[그림 3] 마음챙김 자세

7) 마음챙김 자세 취하기

QR코드를 스캔하여 마음챙김 자세를 취해 봅시다.

8) 마음챙김 규칙

마음챙김 훈련을 할 때 명심해야 할 중요한 규칙을 말씀드리겠습니다.

마음챙김 규칙 하나, 마음챙김의 기본 태도를 반드시 기억해야 합니다. 명상가 John Kabat-Zinn은 '판단하지 말라, 인내심을 가지라, 초심을 유지하라, 믿음을 가지라, 애쓰지 말라, 수용하라, 내려놓으라'

의 7가지 태도를 강조하였습니다. 즉, 평소에 습관적으로 자기방어를 위해 평가하고 판단하고 비난하던 이성적인 뇌를 잠시 끄고 마음의 문을 열어 본연의 자기 자신과 만나는 체험에 집중하는 것입니다.

마음챙김 규칙 둘, 마음챙김은 온전히 깨어 있는 상태에서 지금 여기의 경험에 주의를 기울이는 것입니다. 쉽게 말하면, 마음챙김은 지금 이 순간, 이 공간에 머무는 주의집중 훈련이기도 합니다.

마음챙김 규칙 셋, 마음챙김은 우리 몸 외부와 내부의 경험에 주의를 기울이고 관찰하는 훈련입니다. 기본적으로 호흡을 관찰하는 것에서부터 시작합니다. 왜냐하면 호흡은 생명의 정수이므로 잠시만 끊겨도 살 수 없기 때문에 주의를 지금 여기에 두는 훈련을 하는 데 좋은 대상이 됩니다. 호흡은 기본적으로 자연스럽게 하되, 점차적으로 흉식호흡에서 복식호흡으로 가면 좋습니다. 호흡이 깊어지면 마음의 공간이 넓어져서 생각도 유연해지고 마음도 편안해질 수 있습니다.

마음챙김 규칙 넷, 앞으로 여러 가지 명상을 안내에 따라서 훈련할 텐데 때때로 자세가 불편하여 주의가 흐트러지거나 마음이 혼란스러워 집중이 안 되어 멘트를 따라가지 못할 수 있습니다. 우리의 마음은 불안정하기 때문에 당연한 현상입니다. 그럴 때에는 잘 못한다고 자책하지 말고, 몸과 마음을 편안히 하고 자신의 자연스러운 호흡에 집중하면 됩니다. 그러다가 몸과 마음이 편안해졌으면 그때 들려오는 멘트를 따라서 시작하시면 됩니다.

9) 마음챙김 규칙 알아보기

QR 코드를 스캔하여 마음챙김 규칙을 알아봅시다.

2. 첫째 날 훈련

1) 소리 마음챙김

(1) 교육

우리는 부모에게서 태어났지만, 자연의 힘이 있어야 생존할 수 있습니다. 공기가 없다면 질식해서 살 수 없을 것이며, 햇빛이 없다

면 동식물도 자랄 수 없어 우리 역시 생존하기가 어렵습니다. 우리
는 자연의 에너지, 자연의 순환 덕분에 생존하지만, 평소에는 자연
의 고마움을 심지어 우리가 자연의 일부라는 사실을 잊고 지냅니
다. 특히 마음의 근심이 많으면 모든 주의가 자신의 내부 목소리에
있어서 외부 세계, 즉 자연의 소리, 세상의 소리를 닫게 되고, 모든
생명체와 단절하게 됩니다.

　마음챙김 훈련은 우리 몸에 있는 신체, 즉 오감을 잘 활용하여 모
든 감각을 깨우는 것에서부터 시작합니다. 소리에 대한 마음챙김
은 마음 밖의 세상에 주의를 기울여서 자연과 세상이 가진 생명의
에너지를 느끼고 연결하는 훈련이라고 할 수 있습니다.

(2) 훈련하기

QR 코드를 스캔하여 소리 마음챙김을 훈련해 봅시다.

체험 작성

소리 마음챙김 경험에 대해 작성해 봅시다.

• 평소 내가 듣던 소리와 다른 점이 있나요?

....

....

....

....

....

....

....

....

• 새롭게 경험한 내용이 있나요?

....

....

....

....

....

....

....

....

※ 추가 활동지는 부록 '마음챙김 훈련일지'를 참조

[Q & A]

Q. 소리를 듣자마자 어떤 판단이 생겨 있는 그대로 듣는 게 힘들었어요.

A. 충분히 그럴 수 있습니다. 우리는 (판단하고 추론하는) 인간의 뇌를 가지고 있기 때문에 자동적이고 습관적인 판단이 앞서는 것은 당연합니다. 이 훈련의 핵심은 그저 '판단하거나 자책하는 마음이 일어나고 있구나'를 알아차리고 다시 호기심 가득한 아이의 마음으로 소리를 경험하는 것입니다. 익숙한 것들도 호기심 어린 마음으로 경험하면 평소와 달리 새로운 경험을 할 수 있을 것입니다.

2) 호흡 마음챙김

(1) 교육

호흡은 몸과 마음을 연결해 주는 좋은 시작점입니다. 호흡은 몸에 산소를 공급하는 과정으로 생명의 정수이며 우리의 마음 상태를 잘 반영해 주기 때문입니다. 예를 들어, 마음이 편안할 때 호흡은 느리고 깊으나, 마음이 조급해지면 호흡이 얕고 짧아집니다. 따라서 호흡을 관찰하는 것은 산란한 마음을 진정시켜 줄 뿐만 아니라 마음이 주는 신호를 알아차리는 데 도움을 줍니다.

　호흡명상은 주의를 호흡에 두고, 호흡을 통해 변화되는 신체 감각, 마음의 상태를 알아차리는 훈련입니다. 만일 명상 중 어떤 잡념이 떠오르거나 방황하고 있다면 자연스러운 현상이니 너그럽게 알아차리고 내쉬는 호흡에 잡념을 흘러보내면 됩니다. 호흡명상이 깊어지면 마음이 차분해지고, 안정되는 것을 느낄 수 있을 것입니다.

(2) 훈련하기

QR 코드를 스캔하여 호흡 마음챙김을 훈련해 봅시다.

체험 작성

호흡 마음챙김 경험과 느낌에 대해 작성해 봅시다(예를 들어, 호흡을 하는 동안 신체 감각의 변화).

....

....

....

....

※ 추가 활동지는 부록 '마음챙김 훈련일지'를 참조

[Q & A]

Q. 호흡할 때 잡생각이 너무 많이 나요.

A. 호흡을 할 때 잡생각이 일어나는 것은 당연한 현상입니다. 앞선 교육에서 언급했듯이, 우리의 뇌는 파충류의 뇌, 포유류의 뇌, 인간의 뇌로 진화하면서 서로 다른 욕구들이 혼재되어 있습니다. 따라서 잡생각이 일어나는 것은 당신의 잘못이 아닙니다(It's not your fault). 우리가 해야 하는 일은 잡생각을 알아차리고, 부드럽게 주의를 지금의 호흡으로 가져오는 것입니다. 훈련을 반복하다 보면 알아차림과 현재로 돌아오는 기간이 보다 짧아질 수 있습니다.

Q. 호흡이 어색하고 더 불편해져요.

A. 평소 우리는 호흡에 주의를 기울이지 않습니다. 그러다 호흡에 주의를 기울이고 의도적으로 숨을 들이마시고 내쉬게 되면 각자의 호흡 패턴에 따라 불편해질 수 있습니다. 따라서 시작은 자연스러운 자기만의 호흡 리듬으로 시작하시면 됩니다. 그러다가 점차적으로 흉식호흡에서 복식호흡으로 내리시면 됩니다.

Q. 호흡을 하다 보니 어지러워요.

A. 호흡을 잘하려고 애쓰다 보면 평소보다 더 많이 호흡을 마시고 내쉬게 됩니다. 그러면 뇌에 산소가 부족해지면서 어지러움을 경험할 수 있습니다. 호흡을 잘하려고 애쓰지 말고 자연스러운 호흡의 리듬에 따라가는 방식으로 훈련해 보세요.

● 숙고하기 ●

잠시 눈을 감고 오늘 훈련 경험을 쭉 상기해 봅니다. 무엇을 깨달았나요? 마음을 정리하면서 적어 봅니다.

_____

_____

_____

_____

_____

KEY POINTS

- 인간의 삶은 고통으로 가득 차 있지만, 그 고통은 고정된 것이 아니라 매 순간 변하는 날씨처럼 기쁨, 슬픔 등 다양한 모습으로 바뀐다. 하지만 고통에 판단과 해석을 덧붙여 왜곡하거나 회피하면 오히려 그 고통에 갇히게 된다.

- 소리 마음챙김은 자연의 일부인 우리가 내면의 소리에서 벗어나 마음 밖 외부와 연결감을 경험하는 훈련이다.

- 우리의 마음은 인간의 뇌, 포유류의 뇌, 파충류의 뇌로 진화하여 각기 다른 기능이 뇌 속에 함께 존재하기 때문에 마음이 복

잡할 수밖에 없다. 뇌 속에는 생존을 위한 위협보호 시스템, 종족 유지와 애착을 위한 진정친화 시스템, 성취를 위한 추동자원추구 시스템이 존재하는데, 세 가지 정서 조절 시스템의 균형을 통해 **마음의 유연성**을 찾는 것이 필요하다.

- 호흡 마음챙김은 생명의 정수인 호흡에 주의를 둠으로써 몸과 마음의 연결감을 느끼고, 분주하게 움직이는 **주의를 지금 여기**로 가져올 수 있는 훈련이다.

멈추고 ─── 사랑하라
느끼고

둘째 날
멈추고 마음 보기
둘

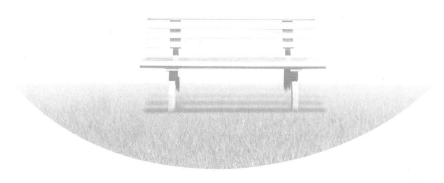

신체 마음챙김

감정 마음챙김

생각 마음챙김

2부 멈추고, 느끼고, 사랑하라: 자기 성장을 위한 마음챙김-자비 프로그램(MLCP)

무엇을 보고, 무엇을 듣고, 무엇을 먹으며,
어떻게 말하고, 무슨 생각을 하며,
또 어떤 행동을 하느냐가 그 사람의 현 존재이다.

-법정-

1. 둘째 날 안내

오늘은 여러 종류의 마음챙김 훈련을 해 보겠습니다. 이를 위해 먼저 신체 마음챙김을 훈련하고, 그런 다음 내 안에서 일어나는 감정과 생각을 대상으로 마음챙김을 훈련해 보겠습니다.

2. 둘째 날 훈련

1) 호흡 마음챙김 훈련하기

QR 코드를 스캔하여 호흡 마음챙김을 훈련해 봅시다.

2) 신체 마음챙김

(1) 교육

우리의 몸은 신경과 혈액, 호르몬이 매 순간 순환하면서 생명의 에너지가 생성되고 소멸되는 곳입니다. 평소 마음에만 집중하다 보면 몸이 보내는 신호에 소홀해질 수 있습니다. 그러나 우리의 마음은 몸과 하나로 연결되어 있습니다. 마음이 불안정하면 몸이 굳거나 균형이 무너질 수 있습니다. 반대로 몸을 이완하고 따뜻하게 하면 마음 역시도 따뜻해지고 평화로워집니다. 신체 마음챙김 명상은 그동안 마음과 단절되었던 내 몸과의 대화이며, 내 신체에 사랑의 메시지를 전달하는 훈련입니다.

(2) 훈련하기

QR 코드를 스캔하여 신체 마음챙김을 훈련해 봅시다.

체험 작성

신체 마음챙김 경험에 대해 작성해 봅시다.

....

....

....

....

....

....

....

....

....

※ 추가 활동지는 부록 '마음챙김 훈련일지'를 참조

[Q & A]

Q. 훈련에서 아무 감각도 느껴지지 않아요(혹은 신체 감각이 너무 크게 느껴져서 불편했어요). 괜찮은 건가요?

A. 신체 마음챙김은 내 몸에 관심을 기울여서 신체 부위의 감각들을 섬세하게 알아차림하는 훈련입니다. 우리의 신체는 나를 지탱해 주는 귀한 존재인데도 불구하고 바쁜 일상을 살다 보면 내 몸에 관심을 기울이지 못하고 몸에서 보내는 메시지조차 방치하기 때문에 신체 감각을 잘 경험하지 못할 수도 있습니다. 이와 반대로 오히려 신체 건강에 예민한 분들은 신체 감각을 매우 민감하게 지각하고 감각을 크게 경험할 수 있습니다. 모두 다 자연스러운 반응입니다. 그럴 경우, 평소에 '내 몸에 무심했구나' 혹은 '내 몸이 조금 예민하구나'를 알아차리고, 편안하게 호흡에 집중하면 됩니다. 그렇게 호흡이 안정되고 이어지는 멘트에 따라서 신체 마음챙김 훈련을 해 나가다 보면 다른 경험을 하게 될 것입니다.

Q. 특정 부위에 통증이 느껴지면 어떻게 해야 하나요?

A. 어쩌면 통증을 없애고자 자세를 바꾸고 싶어 하는 의도가 자연스럽게 일어
날 것입니다. 그런 의도를 알아차리고, 통증에 대해 덧붙여 해석하지 말고 경험
을 있는 그대로 관찰해 보도록 합니다. 부드러운 호흡과 함께 그저 통증에 주의
를 기울이다 보면 역설적이게도 어느 순간에 감각이 변화되면서 통증이 감소하
는 것을 알아차릴 수 있습니다. 하지만 통증은 그 부위가 불편하다는 신호이기도
하므로 억지로 참아 가면서 훈련하는 것은 지혜롭지 못한 방법입니다. 따라서 그
경계를 잘 알아차리는 것 역시 중요합니다.

3) 감정 마음챙김

(1) 교육

인간은 진화론적으로 종족 보존을 위해 누군가와 친밀한 관계를
맺고자 하는 욕구가 있습니다. 이러한 관계 욕구가 충족되면 긍정
정서를 경험하지만, 그렇지 못하면 부정정서를 경험하게 됩니다.
진화적으로 우리는 긍정정서를 경험하면 계속 더 경험하려고 하고,
부정정서를 경험하면 자동적으로 회피하려는 마음이 일어나는데,
이는 매우 자연스러운 현상이므로 이러한 마음 작용을 알아차리면
됩니다.

또한 감정은 지금 나의 욕구 상
태를 알리는 좋은 신호입니다. 따
라서 그것이 긍정정서이든 부정정
서이든 두 팔을 벌려 환영해 주어
야 마음의 목소리를 들을 수 있습
니다. 감정을 그저 하나의 신호로

받아들이면 그 감정은 순간 일어났다가 사라집니다. 하지만 감정을 분석하려고 하거나 긍정적 감정에만 집착하고 부정적 감정은 없애려고 애쓰다 보면 역설적이게도 감정의 노예가 되어 버립니다.

(2) 훈련하기

QR 코드를 스캔하여 감정 마음챙김을 훈련해 봅시다.

체험 작성

감정 마음챙김 경험과 느낌에 대해 작성해 봅시다.

....

....

....

....

....

....

....

....

....

....

※ 추가 활동지는 부록 '마음챙김 훈련일지'를 참조

4) 생각 마음챙김

(1) 교육

우리는 파충류의 뇌, 포유류의 뇌뿐만 아니라 인간의 뇌, 즉 이성의 뇌도 함께 가지고 있습니다. 이성의 뇌는 생각으로 나타나는데, 생각은 판단, 평가, 비교, 추론 등의 다양한 고차 인지 기능을 갖습니다. 생각의 긍정적인 기능은 문명을 발달시키고 나를 부강하게 만들며 창조하는 기능을 갖는다는 것입니다. 그러나 생각이 지나치게 활성화되면 실제 대상과 일치하지 않는 공상을 만들어 내거나, 특정한 생각에 집착하거나 걱정하느라 마음의 병이 생길 수도 있습니다. 예를 들어, 생각에 집착하면 강박증을, 없는 것을 근심 걱정하면 불안을, 자신의 부족을 비난하면 우울해질 수 있습니다. 이처럼 생각은 실체가 없는 자극인데도 불구하고 생각에 빠지게 되면 생각이 살아 있는 실체처럼 여겨져서 쉽게 부정적인 감정을 일으키고 나아가 부정적인 행동을 이끌게 됩니다.

따라서 생각 마음챙김 훈련은 생각에 빠지는 것이 아니라, 지금 이 순간 내가 어떠한 생각을 하고 있는지 그 생각을 하나의 사건으로 바라보는 훈련입니다. 즉, 지금 이 순간 일어나는 생각이 무엇인지 알아차리고 충분히 만나고 그저 지켜보는 것입니다. 그럼 생각은 마치 하늘의 구름처럼 일어났다가 사라지는 현상이라는 것을 알아차리게 됩니다. 자연스럽게 생각을 다른 시각에서 볼 수 있게 될 것입니다.

(2) 훈련하기

QR 코드를 스캔하여 생각 마음챙김을 훈련해 봅시다.

체험 작성

생각 마음챙김 경험과 느낌에 대해 작성해 봅시다.

....

....

....

....

....

....

....

....

....

※ 추가 활동지는 부록 '마음챙김 훈련일지'를 참조

[Q & A]

Q. 훈련에서 아무 감정(혹은 생각)도 일어나지 않아요.

A. 괜찮습니다. 막상 생각과 감정을 보려고 하면 모습을 드러내지 않는 경우들이 있습니다. 그럴 때 혹시 본인을 자책하는 마음이 들지는 않았는지 보고, 그저 '지금은 감정(혹은 생각)이 일어나지 않는구나'라고 너그러운 마음으로 이해해 주고 주의를 다시 호흡으로 돌려서 숨을 들이마시고 내쉬는 데 집중하면 됩니다. 그러다가 호흡이 안정되면 이어지는 멘트를 따라가면서 새롭게 일어나는 감정(혹은 생각)을 바라보고 알아차리면 됩니다.

Q. 너무 많은 감정(혹은 생각)이 떠올라서 머리가 복잡해요.

A. 자연스러운 일입니다. 그만큼 우리 마음의 속성이 원래 분주하게 작용한다는 것입니다. 일반적으로 일어난 감정(혹은 생각)을 어떻게든 빨리 해결하려고 하면 마음이 분주해지면서 감정(혹은 생각)의 소용돌이 속에 빠지게 되어 혼란스럽게 느껴질 수 있습니다. 그럴 때에는 그런 마음의 의도를 알아차리고 천천히 심호흡하도록 하세요. 그리고 호흡이 안정화되면 새롭게 일어난 감정(혹은 생각)을 아무런 판단 없이 하나의 사건처럼 바라보면 됩니다. 편안하게 호흡하면서 마치 영화관에서 영화를 보듯이, 생각이나 감정을 바라보다 보면 어느 순간 조금 전에 일어났던 생각이나 감정이 흐려지거나 사라질 수 있습니다.

●숙고하기●

잠시 눈을 감고 오늘 훈련 경험을 쭉 상기해 봅니다. 무엇을 깨달았나요? 마음을 정리하면서 적어 봅니다.

_____

_____

_____

_____

_____

KEY POINTS

- 신체 마음챙김은 일상을 지탱해 주는 신체에 주의를 둠으로써 몸과 마음이 연결되어 있음을 느끼고, 신체에 관심을 기울이며, 사랑의 메시지를 전달하는 훈련이다.

- 감정 마음챙김은 일어나는 내 감정에 주의를 기울이는 것이다. 감정은 나의 상태, 나아가 나의 욕구를 알려 주는 신호이다. 일어나는 감정을 알아차릴 수 있을 때, 마음의 목소리를 들을 수 있다. 감정을 그저 하나의 신호로 받아들이면 순간 일어났다가 사라지지만, 감정을 분석하려고 하거나 집착하거나 없애려고 애쓰다 보면 오히려 감정에 더 사로잡힐 수 있다.

- 생각 마음챙김은 일어나는 생각에 주의를 기울이는 것이다. 생각에 빠지지 않고 순간 일어나는 생각이 무엇인지 알아차리고 한 발짝 물러나서 생각의 변화를 관찰하는 훈련이다.

멈추고 ──── 사랑하라
느끼고

셋째 날
멈추고 마음 보기
셋

부정적 사건 마음챙김

긍정적 사건 마음챙김

2부 멈추고, 느끼고, 사랑하라: 자기 성장을 위한 마음챙김-자비 프로그램(MLCP)

삶의 의미와 진실은 우리가 모르는 어딘가에 숨겨져 있지 않다.
의미와 진실은 그 안에 있으며 그 자체가 전부다.

-헤르만 헤세-

1. 셋째 날 안내

지난 시간까지는 마음의 요소 하나하나를 보는 훈련을 했습니다. 오늘은 어떠한 사건을 경험할 때 마음에서 일어나는 감정, 신체감각, 생각 혹은 기억, 그리고 그 이면의 욕구 등 무엇이든 일어나는 것을 있는 그대로 관찰하는 훈련을 할 것입니다. 그렇게 마음의 요소를 관찰하다 보면 어느 순간 하나의 감정이나 하나의 생각에만 매달려서 전체를 보지 못하고 있음을 깨닫게 되면서 새로운 지혜가 일어날 수 있습니다. 이를 위해 먼저 부정적 사건을 중심으로 마음챙김 훈련을 하고, 다음으로 긍정적 사건을 중심으로 마음챙김 훈련을 하고자 합니다.

1) 연결성에 대한 이해

연결성에 대한 마음챙김은 주의를 지금 여기에 두는 훈련을 통해 현재의 경험을 어떠한 판단 없이 있는 그대로 경험하고 받아들이는 훈련입니다. 마음챙김 훈련을 매일 오랜 시간 동안 하다가 깊어지면 어느 순간에 마음 밖과 안에서 일어나는 어떤 현상에 대해 저절로 통찰이 일어나고 지혜가 싹틀 수 있습니다. 오늘은 지난 시간의 훈련들에서 한발 더 나아가 적극적인 마음챙김 훈련을 해 보려고 합니다. 연결성에 대한 마음챙김은 지금 여기의 경험을 하나하나 바라본 뒤, 한발 물러나서 전체적인 맥락으로 알아차림하고 이해하는 훈련입

니다.

 어떤 내적·외적 사건이 일어나면 이에 대한 신체 반응이 일어
나고 감정이나 생각이 일어납니다. 보통 우리는 긍정적인 사건을
겪게 되면 그때 일어나는 좋은 느낌, 편안한 감각, 열린 생각 등에
머물려고 하지만, 부정적인 사건으로 일어나는 불쾌한 신체 반응
이나 안 좋은 감정, 불쾌한 생각은 회피하려고 합니다. 특히 부정
적 사건이 일어날 때 감각, 감정, 생각 혹은 기억 등 마음의 요소들
이 서로 연결되어 일어나지만, 흔히 하나의 감정이나 생각 혹은 기
억에만 집착함으로써 그 소용돌이 속에서 빠져나오지 못하게 됩니
다. 따라서 깊은 심호흡과 함께 심신을 편안하게 하고, 한 발짝 물
러나서 마치 영화를 관람하는 관객처럼 내적·외적 사건으로 일어
난 생각이나 감정, 신체 반응을 하나하나 보다 보면 새로운 변화가
일어남을 알 수 있습니다. 또한 가만히 들여다보면 그 사건에서 자
신의 욕구가 충족되었을 때에는 좋은 느낌을 갖게 되지만, 욕구가

좌절되면 부정의 느낌을 갖게 된다는 것을 알아차리게 됩니다. 이러한 반응은 진화적으로 매우 타당하고 자연스러운 반응이니 그런 마음을 이해하고 두 팔을 벌려 환영해 주십시오. 그리고 관객이 되어 마음을 바라본다면 어느 순간에 전체적인 맥락이 보이게 되어 다른 의미의 메시지를 읽을 수도 있습니다. 그리고 그 장면이 스토리와 함께 변화되면서 그때 일어난 감각, 감정, 생각, 기억 혹은 이미지까지도 변화됨을 알아차림 할 수 있을 것입니다.

나에게 부정적이었던 사건을 하나 떠올려 볼까요? 예시로 친구가 약속을 지키지 않아서 화가 난 사건을 떠올려 보겠습니다. 그 상황을 떠올리면 신체 감각에서 '가슴이 두근거리고 얼굴이 화끈거리는 것'을 느낄 수 있습니다. 때로 그 이면의 생각이나 욕구가 무엇인지 알아차리지 못한 채 그저 불편한 신체 감각 혹은 화를 경험할 수 있습니다. 이때 한 발짝 물러나서 마치 그 상황을 영화 속의 한 장면을 보는 관객의 입장으로 살펴보면 '친구가 무시한다고 생각했구나' '지금 화가 났구나'를 알아차릴 수 있습니다. 그리고 천천히 호흡하면 마음의 공간이 넓어지고, 자기 내면을 들여다보게 되면, 화난 것이 어쩌면 '친구가 나를 존중하지 않았고, 존중의 욕구가 좌절된 거였구나' 등을 알아차릴 수 있습니다. 이처럼 그 사건에서 한 발짝 물러나면 마음속에서 일어나는 생각이나 감정, 신체 반응이 달라질 수 있습니다. 그러면서 서서히 화의 강도가 변화될 수도 있고, 편안하게 호흡을 하면서 이면의 욕구들을 하나하나 바라보다 보면 서로 관련되어 있다는 것을 알아차리게 되어 전체를 볼 수 있을 만큼 시야가 넓어질 것입니다.

계속해서 그렇게 일어난 마음을 평가하거나 판단하지 않은 채 있는 그대로 바라보게 되면 마음의 작용을 이해하게 되고, 우리의 감정, 생각, 신체 감각은 서서히 달라지게 됩니다. 즉, 안 좋은 일이든 좋은 일이든 강렬한 감정을 일으키는 사건은 그 순간 습관적으로 해석하는 생각이나 그 당시 필요한 욕구들이 상호작용하면서 몸과 마음의 동요가 일어나는 것입니다. 이때 우리는 사건을 중심으로 어떻게 나의 신체 감각이, 감정이, 생각이, 그리고 이면의 어떠한 욕구가 작용하였는지, 어떠한 의도가 있었는지를 한 발짝 물러나서 관찰하게 되면 마음의 작용을 이해하게 되어 점차 마음의 색깔이 변화됨을 깨닫게 될 것입니다.

2. 셋째 날 훈련

1) 호흡 마음챙김 훈련하기

QR 코드를 스캔하여 호흡 마음챙김을 훈련해 봅시다.

2) 부정적 사건 마음챙김

(1) 교육

지난 시간까지는 마음의 요소 하나하나를 보는 훈련을 했습니다. 지금부터는 어떠한 사건을 경험할 때 마음에서 일어나는 감정, 신체 감각, 생각 혹은 기억 그리고 그 이면의 욕구 등 무엇이든 일어나는 것을 있는 그대로 관찰하는 훈련을 할 것입니다. 그렇게 관찰하다 보면 어느 순간에 몸과 마음이 서로 연결되어 있는데도 불구하고 하나의 감정이나 하나의 생각에만 집착해서 전체를 보지 못하고 있음을 깨달으면서 새로운 지혜가 일어날 수 있습니다. 이를 위해 먼저 부정적 사건을 중심으로 마음챙김 훈련을 하고, 다음으로 긍정적 사건을 중심으로 마음챙김 훈련을 하고자 합니다.

(2) 훈련하기

QR 코드를 스캔하여 부정적 사건에 대한 마음챙김을 훈련해 봅시다.

체험 작성

부정적 사건에 대한 마음챙김 경험을 한 후 작성해 봅시다.

• 부정적 사건을 떠올렸을 때 신체 감각은 어떠했나요?

....

....

....

....

....

• 부정적 사건을 떠올렸을 때 어떤 생각이 들었나요?

....

....

....

....

....

• 부정적 사건을 떠올렸을 때 어떤 감정이 일어났나요?

....

....

....

....

....

• 부정적 사건을 떠올렸을 때 그 당시 당신의 어떤 욕구가 좌절되었나요?

....

....

....

....

....

• 부정적 사건에 대한 명상이 끝날 때 당신의 감각, 사고, 감정, 욕구는 어떻게 변화했나요?

....

....

....

....

....

• 이 경험이 당신에게 어떤 의미를 주는 것 같습니까? 숙고해서 작
  성해 봅시다.

....

....

....

....

※ 추가 활동지는 부록 '사건에 대한 마음챙김'을 참조

[Q & A]

Q. 부정적인 사건이 떠오르지 않아요.

A. 그럴 수도 있습니다. 당황하지 마시고 '떠오르지 않는구나'를 알아차리시면 됩
니다. 그리고 호흡에 주의를 기울이다가 일어나는 마음의 요소들을 알아차리다
보면 이와 관련한 사건이나 장면들이 떠오를 수 있습니다.

Q. 부정적인 사건에 압도되어 버리는 느낌이에요.

A. 매우 자연스럽고 당연한 일입니다. 우리는 진화적으로 위협이라고 지각된 상
황에 대해 대항하고, 나 자신을 보호하기 위해 스스로를 위축되게 만들죠. 여기서
핵심은 부정적 사건이 떠오르며 압도되는 것은 감정에 함몰되었기 때문입니다.
그때 한 발짝 물러나서 어떠한 감정에 함몰되었는지, 어떠한 생각이 일어났는지,
혹은 어떠한 기억이 일어났는지 마음의 요소 하나하나를 하나의 대상으로 바라
보면, 어느 순간에 전체적인 맥락을 알아차릴 수 있게 됩니다. 그리고 호흡에 주
의하며 부드럽게 들숨날숨이 흘러갈 수 있게 허용합니다. 자연스럽게 호흡하면서
그것이 주는 메시지가 무엇인지 잠시 숙고해 보는 것이 좋습니다.

3) 긍정적 사건 마음챙김

(1) 교육

우리는 방금 부정적 사건에 대한 마음챙김을 이해했습니다. 이 제 동일한 방법으로 긍정적 사건에 대한 마음챙김 훈련을 하고자 합니다. 훈련을 통해 우리는 우리 안에 여러 마음의 요소가 서로 관련되어 있음을 알아차리고 이해하여 깨달음과 지혜를 얻을 수 있습니다.

(2) 훈련하기

QR 코드를 스캔하여 긍정적 사건에 대한 마음챙김을 훈련해 봅시다.

체험 작성

긍정적 사건에 대한 마음챙김 경험을 한 후 작성해 봅시다.

• 긍정적 사건을 떠올렸을 때 신체 감각은 어떠했나요?

....

....

....

• 긍정적 사건을 떠올렸을 때 어떤 생각이 들었나요?

....

....

....

....

• 긍정적 사건을 떠올렸을 때 어떤 감정이 일어났나요?

....

....

....

....

• 긍정적 사건을 떠올렸을 때 그 당시 당신의 어떤 욕구가 충족되었나요?

....

....

....

....

....

• 긍정적 사건에 대한 명상이 끝날 때 당신의 감각, 사고, 감정, 욕구는 어떻게 변화했나요?

....

....

....

....

....

• 이 경험이 당신에게 어떤 의미를 주는 것 같습니까? 숙고해서 작성해 봅시다.

....

....

....

....

....

※ 추가 활동지는 부록 '사건에 대한 마음챙김'을 참조

[Q & A]

Q. 기분 좋은 사건이 떠오르지 않아요.

A. 떠오르지 않을 수도 있습니다. 떠오르지 않으면 떠오르지 않는 것에 머무르며 호흡에 주의를 집중하고 이후 일어나는 감각, 생각, 감정을 바라봅니다. 그러다가 문득 이면에 욕구를 알아차릴 수 있습니다. 이처럼 사건과 경험되는 감각, 느낌, 생각, 욕구가 서로 연결되어 있음을 알아차리시면 됩니다.

●숙고하기●

잠시 눈을 감고 오늘 훈련 경험을 쭉 상기해 봅니다. 무엇을 깨달았나요? 마음을 정리하면서 적어 봅니다.

_____

_____

_____

_____

_____

KEY POINTS

• 부정적 사건이든 긍정적 사건이든 우리는 신체 감각, 감정, 생각, 그리고 그 이면의 욕구가 서로 연결된 상태로 경험한다. 그러나 대개 경험 자체를 총체적으로 바라보기보다는 특정 감정이나 생각에 몰두하기 때문에 자신의 경험을 총체적으로 이해하지 못한다.

• 따라서 연결성 마음챙김 훈련을 통해 우리 안의 다양한 마음의

요소가 서로 관련되어 있음을 알아차리고 매 순간 일어나는 마음의 현상을 있는 그대로 관찰하는 훈련을 통해 마음에 대한 이해를 확장해 본다.

멈추고 ── 사랑하라

느끼고

넷째 날

느끼고 사랑하기

하나

안정 공간 만들기

따뜻한 대상 만나기

감사하기

2부 멈추고, 느끼고, 사랑하라: 자기 성장을 위한 마음챙김-자비 프로그램(MLCP)

자신을 돌보는 가장 좋은 방법은
자신의 마음을 보는 것이다.

-카브제 라마 조파 린포체(Kyabje Lama Zopa Rinpoche)-

1. 넷째 날 안내

오늘은 우리 뇌의 정서 조절 시스템에 대해 이해하고, 이를 토대로 자비심을 계발하기 위한 심상화 작업, 안정 공간 만들기, 따뜻한 대상 만나기, 감사하기 훈련을 해 보겠습니다.

1) 정서 조절 시스템 이해: 내 마음의 스위치

앞에서 설명했던 것처럼, 우리의 뇌는 파충류 제1의 뇌, 포유류 제2의 뇌, 인간의 제3의 뇌로 진화되어 왔습니다. 각기 다른 뇌는 각자 목표와 기능이 다르지만 서로 연결되어 정보를 주고받습니다. 특히 배고픔, 인정, 친밀 욕구와 같은 동기는 각자의 생존을 위해 필요했던 것입니다. 따라서 동기가 충족되면 긍정정서를 경험하지만, 좌절되면 부정정서를 경험하게 됩니다. 이번 훈련을 통해서 앞서 설명한 세 가지 정서 조절 시스템의 기능을 잘 이해하고, 특정 시스템이 과잉 활성화될 때 그것을 알아차리고, 여러분이 원하는 시스템의 스위치를 켜고/끄는 방법을 배워 보겠습니다.

2) 상상과 실제에 대한 이해

느끼고 사랑하기 훈련에서는 심상화를 활용한 훈련이 포함되어 있습니다. 우리의 뇌는 실제와 상상을 잘 구분하지 못합니다. 머릿속으로 자극적인 것을 상상하면 실제로 흥분되고, 머릿속으로 누군가에게 화를 내면 정말 화가 납니다. 마찬가지로 머릿속으로 행복한 상상을 하면 실제로 행복해집니다. 이처럼 우리의 뇌에서 어떤 이미지를 떠올리고 어떤 대화를 나누느냐가 몸에 영향을 줍니다. 즉, 몸과 마음은 신경과 호르몬이 연결되어 있으므로 우리가 어떤 심상을 하고 자신에게 어떤 말을 하는지에 따라 뇌가 달라질 수 있습니다. 뇌가 긍정의 에너지로 흐르면 우리의 몸과 마음은 긍정의 에너지로 활기가 넘칠 것입니다.

예를 들어, 아주 신 레몬을 한 입 베어 문다고 상상해 보세요. 여러분 몸이 어떻게 반응하나요? 아마도 신맛에 몸서리를 치면서 미간을 찌푸리고, 입 안에서는 침이 고이는 경험을 할 수 있습니다. 이처럼 당신이 의도적으로 창조한 이미지가 당신의 뇌에 메시지를 보내면 실제 음식이 없어도 입 안에 침이 고이고 위산이 분비되는 등 몸의 생리 체계를 자극합니다. 다시 다른 상상을 해 볼까요? 머릿속으로 누군가와 싸우고 욕하는 장면을 떠올리거나, 당신의 실수에 대해 자신이 멍청하다고 비난한다고 상상해 봅시다. 어떤 느낌이 일어납니까? 이때는 투쟁 모드가 활성화되어 스트레스 호르몬인 코르티솔이 분비되고, 불쾌한 감정과 안 좋은 생각이 난무하면서 몸이 흥분되거나 뻣뻣해지는 것을 느낄 수 있을 것입니다.

이와 반대로, 온화하고 친절한 사람이 당신의 마음을 진정으로 이해해 주고 따뜻하게 위로해 준다면 당신의 몸과 마음에서는 어떠한 변화가 일어날까요? 몸이 이완되고, 생각도 부드러워질 수 있습니다. 바로 이 작업이 자비 모드를 활성화하는 작업입니다.

이제는 정서 조절 시스템에서 투쟁 모드를 끄고 자비 모드를, 때로는 활력 모드를 활성화하여 심신을 안정시키고 내면의 깊은 지혜의 목소리를 듣고 자신의 긍정적인 면을 확장하고자 합니다.

2. 넷째 날 훈련

1) 호흡 마음챙김 훈련하기

QR 코드를 스캔하여 호흡 마음챙김을 훈련해 봅시다.

2) 안정 공간 만들기

(1) 교육

먼저 위협 상황으로부터 마음의 안정을 되찾고, 자비 모드를 활성화하는 안정 공간을 만들어 보겠습니다. 여기서 안정 공간은 부정적인 감정을 회피하기 위한 것이 아니라, 투쟁 모드가 활성화될 때 심신이 지쳐 있다는 것을 알아차리고, 심신을 회복하기 위해 자비 모드를 활성화하는 작업이라는 점에서 회피와는 다릅니다.

개인마다 떠오르는 안정 공간이 다를 수 있겠지만, 오늘은 숲이나 정원에서 안정감을 느껴 보는 훈련을 해 보겠습니다. 각자의 방식으로 상상하면서 따라오면 됩니다. 훈련 중 어떠한 이미지가 떠오르지 않는다면 억지로 만들려고 애쓰지 말고 호흡에 집중하면 됩니다. 그러다가 마음이 진정되면 그때 들려오는 멘트대로 따라오면 됩니다.

(2) 훈련하기

QR 코드를 스캔하여 안정 공간을 떠올려 봅시다.

체험 작성

안정 공간 경험에 대해 작성해 봅시다.

• 그곳은 어떤 공간이었나요? 오감을 통해 무엇을 경험했나요?

....

....

....

....

• 만약 숲속이 아닌 나만의 안정 공간을 만들고 싶다면 그곳은 어떤 곳인지 작성해 봅시다.

....

....

....

....

※ 추가 활동지는 부록 '안정 공간 만들기'를 참조

[Q & A]

Q. 저한테는 안정 공간이 없는 것 같아요.

A. 안정 공간은 반드시 현실에 존재하는 공간이 아니어도 괜찮습니다. 언젠가 가 봤던 곳이어도 좋고, 혹은 상상 속의 공간이어도 좋습니다. 어떤 곳이든 당신이 일상에서 투쟁하느라 지쳤을 때 상상하는 것만으로도 위안이 되는 공간이면 됩니다.

Q. 안정 공간에만 있고 싶어요.

A. 안정 공간은 당신에게 안전함, 위안, 평온함을 가져다주는 곳이지만, 그곳이 현실을 회피하는 공간이 된다면 더 이상 안정 공간이 될 수 없습니다. 따라서 안정 공간이 진정한 위안의 공간인지 혹은 도피처는 아닌지를 알아차림하는 것도 필요합니다.

3) 따뜻한 대상 만나기

(1) 교육

진정친화 시스템과 연결되는 자비는 어떠한 속성을 가지고 있을까요? 자비란 친절함, 고통을 견디는 인내, 지혜로움, 용기 등의 속성을 포함합니다. 예를 들면, 자신과 타인의 고통에 민감한 것, 비판단적인 자세로 연민과 공감을 갖는 것, 도움을 주기 위해 고통을 견디는 인내력, 돌보고 싶은 마음을 행동으로 옮기기 위해 용기를 내는 것을 의미합니다. 이처럼 자비는 우리 안의 다양한 속성과 연결되어 있습니다.

우리 모두는 자기 안에 자비의 속성을 가지고 있지만, 평소 투쟁 모드가 활성화되면 가려져 보이지 않습니다. 하지만 멈추고 마음을 바라보는 훈련을 통해 마음이 안정되면 직접적으로 자비 모드를 활성화하여 자비의 마음을 점차적으로 계발하고 확장할 수 있습니다. 그러나 연꽃은 진흙 속에서 피듯이, 우리 마음 깊은 곳에 감추어진 자비의 마음을 찾아서 확장하려면 자비의 마음을 확인하고 단계적으로 확산하는 훈련이 필요합니다. 만일 당신이 누군가로부터 충분히 수용받은 경험이 부족하다면 스스로를 사랑하기 어려울 수 있습니다. 따라서 느끼고 사랑하는 훈련 단계에서는 먼저 따뜻한 대상을 만나는 작업을 통해 자비로움을 받은 뒤, 점차 자기 안의 자비심을 확장하고 궁극적으로는 타인에게까지 확장하여 나와 타인, 나아가 자연과의 상호 연결성을 증진하고자 합니다.

　따뜻한 대상 만나기는 여러분이 어떤 마음을 털어놓아도 아무런 평가 없이 무조건적으로 이해해 주고 받아 주고 수용해 주는 막연한 대상이 있다고 떠올리는 것입니다. 그 대상은 여러분이 믿는 신일수도 있고, 평소 존경하거나 지혜로운 어떤 분일 수도 있습니다. 이때 떠오른 분이 좋은 마음이 들다가도 불편한 마음이 일어난다면 다른 분을 선택하십시오. 그러나 종종 그런 분이 전혀 안 떠오를 수도 있습니다. 이것 역시 자연스러운 현상이니 자책할 필요는 없습니다. 그럴 때에는 부드럽지만 강인한 혹은 지혜로운 절대자와 같은 어떤 존재가 있다고 상상해 봅니다. 만일 대상이 떠오르지 않거나 상상이 되

지 않으면 막연히 그런 존재가 있다고 생각하거나 이해 받고 있는 느낌을 가지고 따라오면 됩니다.

대상을 정하셨나요?

(2) 훈련하기

QR 코드를 스캔하여 따뜻한 대상 만나기를 훈련해 봅시다.

체험 작성

• 당신이 떠올린 또는 경험한 따뜻한 대상은 어떤 이미지인가요?

....

....

....

....

• 당신의 따뜻한 대상을 만나면서 어떠한 경험을 하였나요? 경험한 내용과 느낌을 자유롭게 작성해 봅시다.

....

....

....

....

[Q & A]

Q. 저를 무조건적으로 받아주는 존재는 세상에 없는 것 같아요.

A. 그렇게 생각할 수 있습니다. 나를 사랑해 주는 사람에 대해서 좋은 감정만 있는 것이 아니라 사랑하는 만큼 서운하고 불편한 감정도 있는 것이 당연합니다. 여기서 핵심은 당신을 사랑하기 때문에 어떠한 행동이든지 평가하여 비난하기보다는 이해하고 보살펴 주려고 하는 자비의 마음이 가득한 존재입니다. 만일 그런 따뜻한 대상이 떠오르지 않는다면 어떠한 절대자나 막연히 절대자와 같은 대상이 있다고 상상하면서 그분으로부터 수용받는 느낌에 집중하면 됩니다. 이 훈련에서 중요한 것은 충분히 이해 받고 수용받는 느낌입니다.

Q. 자비로워지는 것이 자기 합리화 같고, 제가 나태해질 것 같아서 두려워요.

A. 자비는 스스로를 관대하고 너그럽게 대하는 것만을 의미하지 않습니다. 자비는 스스로가 진정으로 행복해지기 위해서 고통을 감내하고, 그 상황에 맞는 지혜를 발휘하여 용기 있는 행동을 하는 것도 포함됩니다. 예를 들어, 내 기분이 좋아지기 위해서 달콤한 음식만을 매일 먹는다면 결과적으로는 건강에 해가 되기 때문에 진정한 자비라고 보기 어렵습니다. 나의 건강을 위해서 좋아하는 것도 조절할 수 있는 인내력 또한 자신을 자비롭게 대하는 방법입니다.

4) 감사하기

(1) 교육

이제는 자비 모드에서 활력 모드로 활성화하는 방법을 알아보고자 합니다. 따뜻한 대상으로부터 받았던 위로와 따뜻함을 떠올리면 긍정정서가 일어나고 감사하는 마음이 저절로 일어날 것입니다. 우리가 태어나고 지금 여기에 존재할 수 있는 것은 뜨거운 나의 생명력과 누군가의 따뜻한 보살핌 덕분입니다. 그 마음에 고마움

을 전하고자 합니다. 나 자신을 포함하여 존재하는 모든 사람과 대상, 생존에 도움을 준 대상이나 사람에게 감사하는 마음을 전하고자 합니다. 그 대상은 나를 지탱해 주는 다리나 심장이 될 수도 있고, 내게 위안이 되어 준 꽃이나 동물이 될 수도 있으며, 나를 아껴 준 고마운 사람들이 될 수도 있습니다. 감사 훈련은 내 안의 생명력을 느끼는 동시에 생명력이 있는 모든 대상과 연결하는 마음으로 공감적 공명 상태를 이룹니다. 이 훈련을 통해 마음의 평화와 안정감, 풍요로움을 느낄 수 있을 것입니다.

(2) 훈련하기

QR 코드를 스캔하여 감사 훈련을 해 봅시다.

체험 작성

• 감사 훈련 경험에 대해서 자유롭게 작성해 봅시다.

_____

_____

_____

_____

_____

_____

_____

• 감사일지를 작성하고 소리 내어 읽어 봅시다.

_____

_____

_____

_____

_____

_____

_____

_____

_____

●숙고하기●

잠시 눈을 감고 오늘 훈련 경험을 쭉 상기해 봅니다. 무엇을 깨달았나요?
마음을 정리하면서 적어 봅니다.

_____

_____

_____

_____

_____

KEY POINTS

- 느끼고 사랑하기 하나 훈련에서 안정 공간 만들기는 위협보호 시
  스템을 없애는 것이 아니라 자비 시스템을 활성화하는 첫 단계로,
  심신을 회복하여 정서 조절 시스템의 균형을 맞추고 심리적 유연성
  을 증진하고자 한다. 안정 공간 만들기 훈련을 통해 나의 정서를
  스스로 선택하고 조절할 수 있다는 것을 배운다.

- 자비 시스템을 활성화하는 첫 단계인 따뜻한 대상 만나기 훈련
  은 상상 속의 따뜻한 대상에게 나의 아픔을 고백함으로써 이해
  받고 위로받고 수용받는 경험이다. 이 훈련은 당신이 이해 받고 존
  중받으며 충분히 사랑받을 수 있는 존재라는 것을 일깨우는 것에 중
  점을 두었다.

- 감사하기는 활력 시스템을 활성화하는 것으로, 감사와 같은 긍정
  정서는 자비 시스템으로도 쉽게 연동되어 자비 시스템까지 활
  성화될 수 있다.

멈
추
고 ——— 사
느 랑
끼 하
고 라

•

다섯째 날

느끼고 사랑하기

둘

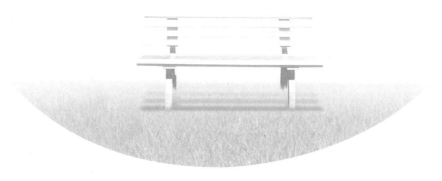

자비 속성 찾기

내 안의 자비로운 나 만나기

감사하기

•

2부 멈추고, 느끼고, 사랑하라: 자기 성장을 위한 마음챙김-자비 프로그램(MLCP)

어느 곳에서나 모든 사물에서 신성함을 보는 것은
당신이 모든 곳에서 자비를 보고 경험하고 있다는 것을 의미한다.

- Lorne Lander 『자비의 심리학』 -

1. 다섯째 날 안내

오늘은 따뜻한 대상으로부터 받은 자비의 마음을 자기 안에서 확대하고자 합니다. 이를 위해 자비 속성 찾기 훈련과 내 안의 자비로운 나 만나기 훈련을 해 보겠습니다.

2. 다섯째 날 훈련

1) 호흡 마음챙김 훈련하기

QR 코드를 스캔하여 호흡 마음챙김을 훈련해 봅시다.

2) 자비 속성 찾기

(1) 교육

앞에서도 설명해 드렸듯이, 우리의 마음은 진화의 산물입니다. 정서 조절 시스템 중 자비 모드는 친밀하고, 따뜻한 애착관계의 산물이며, 자비의 속성을 가지고 있습니다. 만약 목표 추구적이고,

경쟁적이며, 위협적인 투쟁 모드가 과잉 활성화되면 자비 모드는 꺼져 그 속성이 자취를 감추게 됩니다. 따라서 자비 모드를 활성화하는 것은 정서 조절 시스템의 균형을 맞추고 심신을 회복하는 길이라고 할 수 있습니다.

자비라는 말이 무척 크고 어렵게 들릴 수 있지만, 자비란 자신과 타인의 아픔을 안쓰러워하고 돌보고자 하는 마음으로 우리 안에 있는 자질입니다. 이러한 자비의 속성은 자신과 타인의 고통에 민감하고, 연민과 공감을 보이는 마음, 비판단적인 마음, 누군가 고통에 빠져 있다면 돌보고 싶은 마음, 고통을 견디는 인내력, 기꺼이 도움을 주고자 하는 용기와 같은 것들입니다.

(2) 훈련하기

> **잠시 조용히 눈을 감고 내 안의 자비의 속성을 찾아봅시다.**
>
> • 길을 가다가 어린아이가 넘어져서 아파하는 것을 보면 어떠한 마음이 일어나납니까? (연민의 마음, 안타까운 마음, 도와주고 싶은 마음 등)

- 누군가 길을 잃어 당황하고 힘들어 하는 모습을 보면 당신 안에 어떠한 마음이 일어나나요? (친절한 마음, 도와주고 싶어 하는 마음 등)
- 사랑하는 사람이 중요한 시험에 실패를 하고 힘들어 하는 모습을 보면 당신 안에서 어떠한 마음이 일어나나요? (아픔을 함께하고 싶은 마음, 위로해 주고 싶은 마음, 사랑하는 마음 등)
- "내가 아픔에서 벗어나길 원하듯 나 아닌 다른 사람도 아픔에서 벗어나길 원하고, 내가 행복을 소망하듯 다른 사람들도 행복을 소망하는 것은 모든 사람이 보편적으로 다르지 않기 때문이다."라는 문구를 보았다면 어떤 마음이 일어납니까? (평등심, 인간에 대한 지혜 등)

※ 추가 활동지는 부록 '나를 위한 자비 실천 목록'을 참조

체험 작성

- 앞의 상황들을 숙고하면서 당신 안의 어떠한 자비의 속성이 발견되나요? 내 안의 자비의 속성을 찾아 작성해 봅시다.

....

....

....

....

....

....

....

....

....

- 당신 안의 자비로운 마음을 발견했다면 부드럽게 호흡하면서 그때 일어나
  는 느낌, 열린 주의, 융통성 있는 생각, 도움을 주고자 하는 친절한 행동 등
  자신의 모습을 떠올려서 글 혹은 그림으로 작성해 봅시다.

[Q & A]

Q. 자비 속성과 관련된 경험들(누군가에게 친절했던 경험들)을 떠올리기 힘들다
면 어떻게 해야 하나요?

A. 떠오르지 않는다면 억지로 떠올리려고 노력할 필요는 없습니다. 그리고 이로
인해 자책감이나 안 좋은 마음이 든다면 다른 사람들도 당신처럼 그런 경험을 떠
올리기 어려울 수 있다고 생각해 봅니다. 경험을 판단하지 않고 주의를 다시 호흡
으로 되돌리거나 넷째 날에 했던 훈련을 다시 한번 경험한 뒤 다섯째 날 훈련을
시도해도 좋습니다. 또는 이 훈련을 하면서 조금 더 사소하지만 과거에 자신에게
자비로움이 일어났던 경험에 대해 생각할 시간을 주고, 머무를 수 있도록 허용해
줍니다. 자비로움은 사람뿐만 아니라 동물, 식물, 자연에게도 일어납니다.

Q. 평소에 아무 생각 없이 했던 타인을 위한 행동들도 자비가 될 수 있나요? 자비라고 하니 너무 거창한 것처럼 느껴져요.

A. 물론입니다. 대가를 바라지 않고 타인을 돕고자 했다면 본인은 인식하지 못했겠지만 누군가의 아픔을 보고 안타깝고 그 사람이 아픔에서 벗어났으면 하는 동기에서 나온 행동일 것입니다. 그것이 바로 자비입니다. 자비는 누구에게나 있는 보살피고 돕고자 하는 동기이지만 평소에는 자기방어에 가려져 있어 스스로도 잘 인식하지 못할 수 있습니다. 자비는 타인뿐만 아니라 나 자신을 위해서도 스스로를 보살피고자 하는 따뜻하고 친절한 마음에서 점차 지혜롭고 강인하며 용기 있는 마음 등으로 커져 나갈 수 있습니다.

자비라는 말이 거창하게 들린다면 내가 어떠한 선입견에 사로잡혀서 자비라는 말을 해석하고 있는 것은 아닌지 알아차리고, 나뿐만 아니라 모든 사람의 마음에 자비의 씨앗이 있고, 진화적으로 돌봄, 애착 동기와 연결되는 것이 자비라는 것을 이해하면 됩니다.

3) 내 안의 자비로운 나 만나기

(1) 교육

우리는 조금 전에 우리 안의 자비의 속성을 찾아보았습니다. 그런데 왜 자비 모드를 활성화하여 내 안에 있는 자비의 속성을 계발해야 할까요? 이유는 다음과 같습니다. 전에 말씀드렸듯이, 우리의 뇌는 원초적인 뇌, 감정 중심의 관계 지향적인 뇌, 이성적이고 판단적인 뇌로 진화하면서 각기 다른 기능이 공존하기 때문에 갈등이 있을 수밖에 없습니다. 더욱이 각각의 기능이 활성화되어 경험되면서 자기의 부분들이 분화됩니다. 이때 특정 경험을 반복하면서 그런 경험을 하는 자기의 일부를 전반적인 자기 개념과 동일시하게 되면 범주적이고 총체적인 자기의 본질을 잊게 됩니다. 여기서 자기(self)란 세상의 평가에 의해 조건화된 부분적인 내가 아니라, 총체적이고 범우주적이며 진실한 실존적인 존재를 말합니다. 그러나 우리는 때때로 자기의 부분 경험을 전체적인 나로 동일시하면서 착각하고 살아갑니다.

예를 들면, 일생의 어떤 경험이 축적되어 일어난 화는 화난 부분자기로 굳어질 수 있습니다. 그러면 화난 부분자기는 화난 방식으로 생각하고, 화난 감정으로 살고, 화난 행동을 하게 됩니다. 마치 영화배우가 화난 캐릭터를 연출하는 것과 같습니다. 또한 우리 안에 불안해하는 부분자기, 이기적인 부분자기가 있을 수 있는데, 각각의 역할에 충실하면서 그 역할에 굳어지게 되면 자기 개념이 하나로 고정된다는 것입니다. 그러나 우리 안에는 온화하고 친절한 자비로운 부분자기도 있고, 지혜로운 부분자기도 있으며, 용기 있는 부분자기 등도 있습니다. 자비로운 자기는 자비롭게 생각하고 자비롭고 따뜻한 감정이 일어나서 자비로운 행동을 하게 됩니다. 그러나 이 모든 긍정 혹은 부정적인 부분자기 역시 모두 내 안에 있습니다.

자비는 분노나 불안을 부드럽게 하여 분노나 불안을 마주하고 견딜 수 있는 용기를 줍니다. 훈련을 통하여 따뜻한 마음을 갖고 자비심을 실천해 나가면 자신이나 타인을 향해 부정적 생각이 들 때마다 이를 알아차릴 수 있습니다. 이런 알아차림 훈련이 계속되면 부정적인 생각이 들 때마다 나쁜 생각 속으로 끌려 들어가지 않고 자유로워질 수 있습니다. 따라서 너그럽고 자비로운 부분자기를 계발하여 불쾌하거나 까다로운 부분자기를 다룰 수 있도록 도와야 합니다. 자비로운 자기를 확대하는 것은 자비 모드를 활성화하여 안정화하는 것이 핵심입니다.

그러기 위해 햇살처럼 너그럽고 온화하나 산처럼 든든하고 지혜로운 자기만의 자비마음을 확산하는 작업을 하려고 합니다. 어떠한 어려움에도 묵묵히 견딜 수 있는 든든함, 너그러운 미소, 여유롭고 지혜로운 자기만의 느낌, 혹은 이미지나 색깔을 가슴 한가운데에 놓습니다. 이제 훈련을 통해 내 안의 자비로운 나 만나기 훈련을 해 보겠습니다.

(2) 훈련하기

QR 코드를 스캔하여 내 안의 자비로운 나 만나기 훈련을 해 봅시다.

체험 작성

• 내 안의 자비로운 나를 만나는 훈련을 하면서 어떠한 경험을 하였나요? 훈련을 하면서 일어난 경험에 대해 섬세하게 작성해 봅시다.

....

....

....

....

....

....
....
....
....
....
....

• 내 안의 자비로운 나를 만나면서 당신에게 도움이 되고 지지되는 말은 무
  엇이었나요? 그 말을 작성해 봅시다.

....
....
....
....
....
....
....
....
....
....

• 이번 내 안의 자비로운 나 만나기 훈련이 어렵게 느껴지면 넷째 날 따뜻한
  대상 만나기 훈련으로 돌아가 다시 반복해 볼 수 있습니다.

[Q & A]

Q. 자비로운 속성 찾기를 할 때 나에 대한 부정적인 생각들이 떠올라 훈련에 방해가 됩니다. 어떻게 하면 좋을까요?

A. 우리의 생각은 매우 습관적이고 자동적으로 일어납니다. 지금 자비에 대해 거부감이 일어나는 것은 아닌지 혹은 자비에 대해 어떠한 견해, 편견을 가지고 있는지 먼저 생각을 있는 그대로 알아차림해 보십시오. 편안하게 호흡하면서 무엇이 자비로 가는 문을 막고 있는지 하나의 자극으로 혹은 사건으로 놓고 있는 그대로 관찰해 봅니다. 그리고 마음이 아직 자비를 허용할 준비가 되지 않았음을 인정해 주십시오. 그러다가 어느 순간 자비의 문이 스르르 열릴 것입니다.

Q. 따뜻한 대상에게 자비를 받는 것까지는 해 볼 수 있지만, 내 안에 자비가 있다는 것이 잘 와닿지 않습니다. 어떻게 하면 좋을까요?

A. 자비의 속성들은 계발하지 않으면 투쟁 모드에 가려져 그 빛을 발휘하기 어렵습니다. 그러나 자비는 진화론적 동기이자 속성으로서 우리 모두에게 있는 자질입니다. 이제까지 살아오면서 누군가 고통에 빠져 있을 때 당신에게서 연민의 마음이 일어나 도움을 주었던 경험이나 사랑하는 사람이 힘들 때 안타까워하면서 친절하게 보살폈던 경험, 힘들어도 누군가를 따뜻하고 친절하게 보살폈던 경험들을 떠올려 보십시오. 그때 일어난 마음이 바로 당신 안에 있는 반짝반짝 빛나는 자비의 마음입니다. 그럼에도 불구하고 자비의 마음이 와닿지 않는다면 조바심을 내려놓고 마음 훈련의 기본인 호흡으로 돌아가서 마음을 안정시켜 봅니다. 그러다 보면 어느 순간 다시 자비의 마음이 일어날 것입니다.

4) 감사 훈련하기(선택할 수 있음)

QR 코드를 스캔하여 감사훈련을 해 봅시다.

●숙고하기●

잠시 눈을 감고 오늘 훈련 경험을 쭉 상기해 봅니다. 무엇을 깨달았나요?
마음을 정리하면서 적어 봅니다.

_____

_____

_____

_____

_____

KEY POINTS

- 느끼고 사랑하기 둘 훈련에서 내 안의 자비로운 나 만나기는 일상생활 속에서 나의 자비의 경험을 찾고, 자비로운 속성을 찾아 확장시킨다.
- 내 안에 여러 가지 자기가 존재함을 알고 자비로운 자기를 배양할 수 있도록 훈련한다.

멈
추
고
          사
느   랑
끼   하
고   라

여섯째 날
느끼고 사랑하기
셋

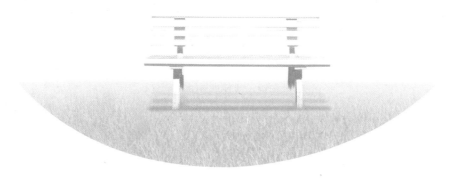

자비 확산하기

자비 편지 쓰기

2부 멈추고, 느끼고, 사랑하라: 자기 성장을 위한 마음챙김−자비 프로그램(MLCP)

얼어붙은 대기에 다시
봄이 움트고 있다.

겨울 동안 죽은 듯 잠잠하던 숲이
새소리에 실려 조금씩 깨어나고 있다.

우리들 안에서도 새로운 봄이
움틀 수 있어야 한다.

-법정-

1. 여섯째 날 안내

오늘은 내 안의 자비로운 모습을 확산하는 훈련을 해 보도록 하겠습니다. 아울러 사랑의 마음을 담아 자신에게 자비로운 편지 쓰기를 훈련해 보겠습니다.

2. 여섯째 날 훈련

1) 호흡 마음챙김 훈련하기

QR 코드를 스캔하여 호흡 마음챙김을 훈련해 봅시다.

2) 자비 확산하기

(1) 교육

다섯째 날 우리는 내 안에 있는 자비로움을 확산하여 자비로운 이미지를 만들었습니다. 자비로운 얼굴 표정, 따뜻한 시선, 부드러운 목소리, 너그러운 마음, 유연해진 생각, 친절한 행동을 그려 보았습니다. 오늘은 그 마음을 확산하여 최근에 힘겨웠던 경험들, 예컨대 불안, 분노, 비난이 일어났던 감정을 다루는 훈련을 하고자 합니다.

(2) 훈련하기

QR 코드를 스캔하여 내 안에 자비를 확산해 봅시다.

체험 작성

자비로운 자기가 힘겨워하는 혹은 상처받은 부분자기를 만나면서 어떤 경험
을 하였나요? 그리고 내 안의 마음은 어떻게 변화되었나요?

....

....

....

....

....

....

....

....

....

....

[Q & A]

Q. 훈련에 집중하기 힘들 땐 어떻게 하면 될까요?

A. 익숙하지 않은 훈련이라서, 개인적인 사건 때문에 혹은 알 수 없는 이유로 인
해 집중하기 힘들 수 있습니다. 이때는 자신을 비난하는 마음(난 왜 집중을 못할
까?)보다 너그럽고 부드러운 마음으로 자신을 대하는 것이 중요합니다. 훈련 가
운데 주의가 흐려지면 호흡으로 주의를 돌려 마음을 차분히 한 뒤, 안내자의 지시
에 따라 다시 집중해 보는 것도 좋습니다.

3) 자비 편지 쓰기

(1) 교육

자비로운 마음은 우리의 내면에서 일어나는 어려움과 마주할 용기를 갖게 하며, 자신을 받아들이고, 자신 안에 있는 평화로움을 발견하도록 합니다. 즉, 자비는 우리의 주의, 생각하는 방식, 감정, 의도에서 따뜻한 사랑의 마음, 지혜로운 마음이 계발되도록 합니다. 자비로운 편지 쓰기는 자기(self) 안에 있는 자비로운 부분자기의 관점으로 자기 자신을 대하는 훈련입니다. 본 훈련을 통해 자비로운 의도를 갖고 자비롭게 생각하고 자비롭게 행동함으로써 자비모드를 활성화할 수 있습니다. 우리의 삶은 몹시 힘듭니다. 힘든 삶을 온몸으로 버텨 온 자신을 비난하거나 평가하는 태도가 아니라, 견디느라 수고한 자신에게 따뜻함을 지니도록 노력하는 자세를 취해 보고자 합니다.

이제 내 안에 있는 따뜻하고 온화한 자비로운 부분을 글을 통해 표현해 보려고 합니다. 이전 훈련에서 상상했던 혹은 최근 경험한 부정적 감정이 남아 있는 상황을 떠올려 보세요. 그리고 따뜻하고 온화한 자비로운 마음을 발휘한다면 우리는 그 상황에서 자신에게 어떤 이야기들을 해 줄 수 있을까요? 당신의 자비로운 마음으로 그 당시 힘들어 하는 나에게 편지를 쓰고, 당신의 '자비로운 나'가 당신에게 말하는 것을 상상할 수 있습니다. 자비는 친절하게 우리를 안아 주기도 하고, 그 당시에 보지 못했던 도움이 되는 것들을 볼 수 있게 만듭니다.

자비 편지 쓰기 팁!

처음에는 자기를 돌보고 위안하는 내용의 편지를 쓰는 것에 익숙하지 않아서 불만 섞인 충고를 쓸 수도 있습니다. 하지만 **편지의 초점은 지치고 힘든 나 자신을 따뜻하고 관심 어린 태도로 바라보고, 나 자신이 더 좋아질 수 있는 행동을 하도록 지지하는 것입니다.**

– 관심과 진심 어린 돌봄을 표현하기

– 자신의 고통과 욕구를 알아봐 주기

– 자신의 고통을 마주하고, 공감적으로 반응하기

– 판단하거나 비난하지 않기

– 편지 전반에서 따뜻함과 이해심, 보살핌이 스며들게 하기

– 더 나아지기 위해 취할 수 있는 행동 생각하기

자비 편지 쓰기의 예시는 다음과 같습니다. 다음의 내용을 참고해서 자신에게 자비로운 마음을 전해 주세요.

 ○○에게

    요즘 많이 힘들지? 많은 일이 쌓여 있는 게 마치 네 잘못인 것 같아 속상해하는 거 알아. 나름 열심히 하고 있는데 생각처럼 안 풀려서 속상하지? 괜찮아. 차근차근 하다가 보면 조금씩 줄어들고 있는 일이 보일 거야. 지금까지 잘해 왔으니 이전의 힘듦을 발판 삼아 이것 또한 어렵지만 잘해 낼 거야.

    지쳐서 한참 쓰러져 있는 것보다 때로는 멈추어 쉬는 것도 좋으니 너무 조바심 내지는 않았으면 좋겠다. 아직 살아갈 날이 구만리인데 너무 사서 걱정하지 말고, 지금 할 수 있는 것들을 욕심내지 말고 하나둘 찾아서 하렴. 지금 이대로도 괜찮아. 넌 충분히 멋져. 더 나은 내일을 위해 고군분투하는 네가 자랑스럽다. 지금처럼만 하렴. 토닥토닥.

                                 –너의 가장 친한 친구 ○○가

□□야, 오늘 하루 수고 많았어!

오늘 있었던 일로 상처 많이 받았지? 너는 나름대로 잘해 보려고 노력을 많이 했을 텐데 그 사실을 그 누구도 알아 주지 않는 것 같아 많이 속상했을 거야. 마치 네가 열심히 하지 않은 사람이 된 것 같고, 꾀를 부린 사람처럼 되어 버린 사실에 자존심도 많이 상했고 자괴감도 많이 느낀 거 알아. 하지만 네가 최선을 다했고 그 누구보다 열심히 했다는 걸 나는 정말 잘 알고 있어. 그렇기에 나는 네가 너무 자랑스러워. 그 힘든 시간을 다 참고 지금까지 왔다는 사실에 나는 박수를 보내고 싶어. 정말 수고 많았어.

-너를 누구보다 잘 알고 응원하는 너의 □□가

◇◇야, 안녕!

오늘 날씨가 너무 좋다. 바람도 솔솔 불고, 햇빛도 강하지 않아. 하나둘씩 피어난 꽃들이 봄을 알리는 것 같아 기분이 좋아. 네가 좋아하는 맛있는 음식 먹으면서 좋아하는 노래를 들으며 그저 가만히 피어난 꽃들을 구경하며 앉아 있자. 그렇게 행복하자.

참 많은 일이 있었다, 그치? 이제야 그때 일들을 마주할 수 있게 되었네. 얼마나 아팠니? 얼마나 외로웠니? 얼마나 힘들었니? 난 네가 잘 버텨 준 것만으로도 너무 고마워. 지금 이 순간들을 함께할 수 있음에 너무 감사해. 아팠던 만큼 분명 더 빛날 거야. 힘들었기에 지금의 소중함을 만날 수 있는 거야.

요즘도 고민덩어리를 가득 안고 사느라 축욱 처진 거 아니지? 뭘 걱정하고 있어. 어차피 잘 해낼 건데. 너무 먼 미래를 걱정하느라 당장의 행복을 놓치지는 말자. 좋은 것만 보고, 좋은 것만 듣고, 좋은 날만 보내자. 맛있는 것도 먹고, 하고 싶은 것도 하고 그래. 네가 하고 싶은 거 다 해! 사람이 싫으면 안 만나도 괜찮아. 이제는 누가 내 옆에 없을까 봐 전전긍긍하지 말자. 이제는 내가 널 믿어 줄게. 함께할게. 그러니까 오늘도 행복하자. 또 편지 쓸게.

-너를 응원하는 ◇◇가

(2) 훈련하기

체험 작성

• 작성한 편지를 소리 내어 읽어 봅시다.

• 어떤 말이 혹은 구절이 내 마음에 와닿았나요?

....

....

....

• 자비 편지 쓰기를 한 소감 혹은 경험을 작성해 봅시다.

....

....

....

....

....

....

....

....

....

....

....

※ 추가적으로 부록 '나를 위한 사랑의 편지 쓰기'에 편지지 제공

[Q & A]

Q. 어떤 내용을 써야 할지 잘 모르겠어요.

A. 다음의 내용을 생각해 봅시다. 기회가 있다면 다른 누군가에게 어떤 위로의 말을 듣고 싶나요? 내게 힘이 되는 이야기는 어떤 것이 있을까요? 그 상황에서 꼭 필요한 말은 어떤 것이었나요? 이런 내용을 제삼자로부터가 아닌 자신이 자신에게 들려 준다고 생각하면 되겠습니다.

● 숙고하기 ●

잠시 눈을 감고 오늘 훈련 경험을 쭉 상기해 봅니다. 무엇을 깨달았나요? 마음을 정리하면서 적어 봅니다.

KEY POINTS

- 내 안의 자비로운 속성을 확인하고 자비로운 마음을 점차 확산한다.
- 자비로운 자기가 불안한 자기, 화난 자기, 비난하는 자기, 슬픈 자기에게 부드러운 목소리로 위로의 메시지를 전달할 때, 당신의 몸과 마음이 어떻게 변화되는지를 알아차리면서 내 안으로 수용하고 통합하는 것이다.
- 자비 편지 쓰기는 상처 받은 자신에게 따뜻하고 지혜로운 위로의 말을 전달하는 훈련이다.

일곱째 날
느끼고 사랑하기
넷

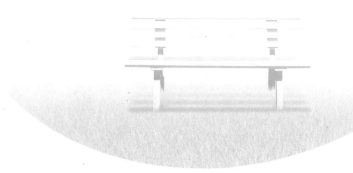

자비 보내기(자신에게)

자비 보내기(타인에게)

서로 속이지 않으며, 어디서나 어느 누구도 멸시하지 않으며,
성냄이나 악의로서 다른 사람을 괴롭히지 않기를.
마치 어머니가 목숨을 다해 자녀를 보호하듯이,
존재하는 모든 것들에게 한량없는 자비의 마음을 기르기를.

– 붓다 –

1. 일곱째 날 안내

오늘은 자비의 마음을 자신과 타인에게 보내는 훈련을 하겠습니다. 먼저 내 안에 자비심을 확장한 뒤, 내가 좋아하는 대상과 고통받고 있는 대상에게 자비를 보내 봅시다.

2. 일곱째 날 훈련

1) 호흡 마음챙김 훈련하기

QR 코드를 스캔하여 호흡 마음챙김을 훈련해 봅시다.

2) 자비 확산하기

QR 코드를 스캔하여 내 안에 자비를 확산해 봅시다.

3) 좋아하는 대상에게 자비 보내기

(1) 교육

사람은 사회적 존재로서 타인 없이 혼자 존재할 수 없습니다. 특히 사람은 다른 동물과 달리 오랫동안 부모님의 보살핌 속에 있어야 생존할 수 있습니다. 그래서 누군가와 친밀하게 관계를 맺고자 하는 욕구가 강하고, 관계 욕구가 강한 만큼 타인이 우리의 기대와 다를 때 실망과 좌절도 큽니다. 이때 내 안에 관계 욕구가 좌절되어 투쟁 모드가 활성화됨을 알아차립니다. 투쟁 모드를 끄고 자비 모드를 켜 봅니다. 그리고 너그러운 마음으로 나와 마찬가지로 타인의 기대도 좌절될 수 있음을 알아차립니다.

모두가 인정받고 사랑받으며 존중받고자 하는 욕구가 생존을 위해 필요함을 알아차리고, 내 안의 자비로움을 타인에게 보내는 훈련을 통해 자비로움을 확장해 봅니다. 내 안의 자비를 타인에게 보내는 이유는 마음의 본질과 욕구 측면에서 나와 타인은 크게 다르지 않다는 것에 기반을 두며, 나의 존재가 타인과의 관계 속에서 발달하고 성숙해지기 때문입니다.

(2) 훈련하기

QR 코드를 스캔하여 좋아하는 대상에게 자비를 보내 봅시다.

체험 작성

좋아하는 대상에게 자비 보내기 훈련의 경험을 작성해 봅시다.

....

....

....

....

....

....

....

[Q & A]

Q. 떠올랐던 대상이 훈련 도중에 다른 대상으로 바뀌어도 괜찮은가요?

A. 괜찮습니다. 다만 긍정적인 감정과 부정적인 감정을 동시에 불러일으키는 대상은 피하는 것이 좋습니다. 내가 아끼고 사랑하는 한 대상을 떠올리고, 내 안의 자비로운 부분들이 상대방에게 닿는다는 느낌을 가지고 훈련하면 되겠습니다. 문구 또한 상대방에게 필요하다고 생각되는 부분을 추가로 전달해도 좋습니다.

4) 고통받는 대상에게 자비 보내기

QR 코드를 스캔하여 고통받는 대상에게 자비를 보내 봅시다.

체험 작성

고통받는 대상에게 자비 보내기 훈련의 경험을 작성해 봅시다.

....

....

....

....

....

....

....

[Q & A]

Q. 어떤 대상을 떠올려야 할지 모르겠어요.

A. 나와 직접적인 관계는 없지만, 고통받고 있는 대상을 떠올리면 됩니다. 혹은 안녕을 빌어 주고 싶은 나와 떨어진 대상을 선택해도 좋습니다. 예를 들어, 폐지를 줍는 노인, 신체나 마음이 불편한 사람, 전쟁 혹은 기아로 고통받고 있는 사람 등 다양한 대상이 될 수 있습니다.

●숙고하기●

잠시 눈을 감고 오늘 훈련 경험을 쭉 상기해 봅니다. 무엇을 깨달았나요?
마음을 정리하면서 적어 봅니다.

_____

_____

_____

_____

_____

KEY POINTS

• 당신 안의 자비로운 자기를 떠올리고 자비로운 마음을 확산하
여 먼저 **좋아하는 대상**에게 자비의 마음을 전달하는 훈련을 하
고, 다음으로 **고통받고 있는 대상**에게 자비의 마음을 확산한다.

멈추고 ——— 사랑하라
느끼고

여덟째 날
삶을 환영하기

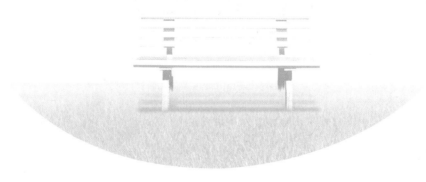

삶의 의미 찾기

일상으로 가져가기

죽는 날까지 하늘을 우러러 한 점 부끄럼이 없기를
잎새에 이는 바람에도 나는 괴로워했다.
별을 노래하는 마음으로 모든 죽어가는 것을 사랑해야지
그리고 나한테 주어진 길을 걸어가야겠다.
오늘밤에도 별이 바람에 스치운다.

−윤동주 「서시」−

1. 여덟째 날 안내

오늘은 그동안 여러 날의 훈련을 통해 계발한 자비로운 마음을 일상으로 가져오고자 합니다. 당신의 가슴을 뛰게 한 삶의 의미를 찾음으로써 그동안 훈련을 통해 만난 자비로운 자기를 굳건히 할 수 있습니다. 이를 위해 삶의 의미에 대한 마음챙김 훈련과 자비로운 자기를 상징하는 표식 만들기 작업을 하고자 합니다.

삶의 의미에 대한 이해

삶의 가치란 당신이 인생을 살아가면서 소중하게 여기는 것이며, 당신의 삶을 살 만한 것으로 만들고, 아끼고, 가꾸고, 성장시키기를 원하는 것입니다. 필요하다면 큰 대가를 치러서라도 삶에서 지키고 싶은 어떤 것, 그리고 인생의 마지막 순간에 삶을 되돌아보았을 때 소중하게 여겨질, 당신의 삶을 의미 있게 만들어 줄 어떤 것이 삶의 가치라고 할 수 있습니다.

우리는 삶에서 종종 타인으로부터 인정이나 좋은 평가를 얻기 위해 어떤 일들을 합니다. 그러한 외부적 동기가 진로나 직업 선택, 관계 맺기 등 삶의 중요한 영역에 영향을 미칩니다. 그러나 삶의 가치 혹은 의미란 외부나 타인의 기대 혹은 평가와 관계가 있기보다는 당신의 내부, 마음속 깊은 곳으로부터 일어나는 진정한 열망입니다. 그래서 당신의 의미는 다른 사람이 소중하게 여기는 의미와

다를 수 있습니다. 진정한 가치란 교육을 통해 주입된 것, 당신에게 중요한 사람의 기대, 사회적 평가에서 벗어나, 오로지 당신의 깊은 내면으로부터의 간절한 바람입니다. 오늘은 당신의 삶의 의미를 찾는 시간입니다. 삶의 가치가 내게 주는 의미를 통해 자비로운 나를 굳건히 하는 시간을 가져 보고자 합니다.

2. 여덟째 날 훈련

1) 호흡 마음챙김 훈련하기

QR 코드를 스캔하여 호흡 마음챙김을 훈련해 봅시다.

2) 삶의 의미 찾기

(1) 교육

잠시 당신의 인생을 되돌아보세요. 지금까지 당신이 살아오면서 중요하게 생각하는 가치는 무엇인가요? 떠올리기 힘들다면 가슴이 뛰었던 일을 떠올려 보세요. 혹은 큰 대가나 보상, 주변의 평가 없이도 어떤 일을 했을 때 당신에게 기쁨과 보람을 느끼게 한 일을 떠올려 보세요. 무엇이 당신에게 의미가 있었나요?

가치는 우리가 선택할 수 있는 삶의 방향입니다. 우리는 가치를 달성하기 위해 노력합니다. 당신의 가슴을 뛰게 하고, 설레게 하며, 호기심을 갖게 하는 어떤 것을 선택했다면 그 여정이 힘들더라도 그 과정에서 의미를 발견할 수 있기에 당신은 행복을 느낄 수 있습니다. 그러나 주변의 권유 혹은 다른 누군가로 인해 선택된 가치이거나 오로지 무언가를 성취하기 위해 몰두한다면 그 여정을 즐기지 못하고 투쟁하면서 견뎌야 할 것입니다. 당신에게 가치 있는 일이자 의미 있는 삶은 무언가를 달성하기 위한 목적에 있는 것이 아니라 목적으로 가는 여정에서 느끼는 가슴 뛰는 순간이라는 것을 기억하십시오.

물론 삶의 가치를 찾기 어려울 수도 있습니다. 가치라는 것은 생각보다 매우 사소한 것일 수도 있습니다. 일상의 어느 순간에 무언가를 할 때 당신이 활짝 웃고 오롯이 있는 그대로의 자신이 되는 것 같은 기분이 든다면 그것이 당신에게 소중한 가치이고 삶의 의미가 될 수 있다는 것을 기억하세요.

(2) 삶의 의미 찾기 활동하기

[예시]

삶에서 가슴 뛰는 순간, 나에게 진정한 삶의 의미를 가져다준 것이 무엇인지 잠시 생각해 보고, 활동지에 간단히 적어 봅시다.

---

1) 다른 사람이 원하는 것이 아닌 내가 진정 원하는 것은 무엇인가요?

나만의 이야기가 담긴 자서전 쓰기

그 외 [예시]
– 소중한 가족과 주말을 함께 보내기
– 감성을 자극하는 강연자 되기
– 내 이름을 딴 음식 만들기
– 건강한 삶을 위해 규칙적으로 운동하기

2) 당신에게 '그것'이 의미 있는 이유는 무엇인가요?

아주 오랜 시간이 지나서 내 삶을 돌아볼 때, 최선을 다해서 내 삶을 살아왔다고 자신할 수 있었으면 좋겠다. 그렇기 위해서 자서전 쓰기라는 삶의 목표는 현재를 후회 없이 살도록 하는 원동력이 된다.

삶에서 가슴 뛰는 순간, 나에게 진정한 삶의 의미를 가져다준 것이 무엇인지 잠시 생각해 보고, 활동지에 간단히 적어 봅시다.

1) 다른 사람이 원하는 것이 아닌 내가 진정 원하는 것은 무엇인가요?

2) 당신에게 '그것'이 의미 있는 이유는 무엇인가요?

(3) 훈련하기

삶의 가치란 우리의 삶에서 소중하고 나에게 의미 있는 어떤 것입니다. 삶의 가치는 개인마다 다를 수 있고, 매 순간 달라질 수도 있습니다. 여기서는 우리의 깊은 내면에서 일어나는 간절한 바람을 바라봄으로써 일상으로 돌아갔을 때 자비로운 나를 굳건히 하는 시간을 가져 보도록 하겠습니다.

QR 코드를 스캔하여 삶의 의미에 대한 훈련을 해 봅시다.

체험 작성

삶의 의미에 대한 경험 후 작성해 봅시다.

• 삶의 의미 찾기 훈련은 어떠했나요?

....

....

....

....

....

....

....

• 삶의 의미를 찾을 때 어려움은 없었나요?

....

....

....

....

....

....

[Q & A]

Q. 나를 가슴 뛰게 하는 의미 있는 행동을 한 적이 없는 것 같아요.

A. 지금 이 순간 떠오르지 않을 수 있습니다. 혹은 당신이 그동안 삶의 목표에만 집중하고 사느라 진정으로 당신에게 소중한 가치가 무엇인지 미처 발견하지 못한 것일 수도 있습니다. 그럴 땐 자연스럽게 호흡에 집중하세요. 호흡에 집중하며 일어나는 생각이나 감정이 있다면 천천히 바라보셔도 좋습니다.

3) 모든 활동을 일상으로 가져가기

다음은 『멈추고, 느끼고, 사랑하라』에서 우리가 여드레 동안 훈련했던 내용들입니다. 전반부에는 마음을 관찰하는 훈련을 하였고, 후반부에는 자비심을 확장하는 훈련을 했습니다. 이제 당신이 훈련했던 내용을 일상 속에서 어떻게 활용하고 스며들게 할 수 있을지 숙고해 보는 단계입니다. 자, 그럼 시작해 볼까요?

여정	주제	훈련	나의 일상에 적용하기
첫째 날	멈추고 마음 보기	소리 마음챙김 (105쪽)	예: 출근길 지하철 소리나 사람들의 소리에 귀 기울일 수 있다. 산책길에서 들리는 자연의 소리에 귀 기울일 수 있다.
		호흡 마음챙김 (108쪽)	예: 발표 전에 마음을 진정시키기 위해 활용할 수 있다. 화가 났을 때 호흡을 통해 진정할 수 있다.
둘째 날		신체 마음챙김 (115쪽)	예: 달리기를 하고 난 후 생생하게 살아 있는 심장의 박동을 알아차릴 수 있다. 피곤할 때 어떤 신체 부위에서 피곤이 느껴지는지, 그곳의 감각은 어떠한지 있는 그대로 알아차릴 수 있다.

여정	주제	훈련	나의 일상에 적용하기
둘째 날	멈추고 마음 보기	감정 마음챙김 (118쪽)	예: 화가 나는 순간에 감정에 주의를 기울이며 이면의 욕구를 알아차릴 수 있다. 그리고 화난 감정이 어떻게 변화하는지 관찰할 수 있다.
		생각 마음챙김 (120쪽)	예: 잡생각이 많을 때, 한 발짝 물러나서 생각을 하나의 사건으로 혹은 영화 속 장면으로 바라보면서 생각을 정리할 수 있다.
셋째 날		부정적 사건 마음챙김 (131쪽)	예: 부정적 사건이 떠올라 괴로운 순간에 마음의 작용, 기저의 욕구를 이해해 본다. 그리고 지금 내게 무엇이 필요한지 혹은 무엇이 중요한지 알아차림해 볼 수 있다.

여정	주제	훈련	나의 일상에 적용하기
셋째 날	멈추고 마음 보기	긍정적 사건 마음챙김 (135쪽)	예: 행복감을 느낄 때 마음의 요소들이 어떻게 작용하는지 기저의 욕구를 이해해 본다. 그리고 지금 내게 무엇이 중요한지 혹은 의미 있는지를 알아차림해 볼 수 있다.
넷째 날	느끼고 사랑하기	안정 공간 만들기 (146쪽)	예: 불안하고 두려운 순간에 잠시 위안을 얻고 심신을 회복하는 데 활용할 수 있다. 내가 스스로를 위안할 수 있고, 그렇게 선택할 수 있다는 것을 알아차린다.
		따뜻한 대상 만나기 (148쪽)	예: 누군가로부터 위로나 응원을 받았을 때 그 느낌을 온몸으로 확산하는 데 활용할 수 있다.

여정	주제	훈련	나의 일상에 적용하기
넷째 날	느끼고 사랑하기	감사하기 (151쪽)	예: 하루를 마무리하며 감사한 일 세 가지를 작성할 수 있다.
다섯째 날	느끼고 사랑하기	자비 속성 찾기 (157쪽)	예: 나의 자비로운 속성을 적어 보며 새로운 속성들을 발견하는 데 활용할 수 있다
		내 안의 자비로운 나 만나기 (161쪽)	예: 불안하여 마음이 진정되지 않을 때 내 안의 자비로운 나와 연결하여 위안을 얻을 수 있다.

여정	주제	훈련	나의 일상에 적용하기
여섯째 날	느끼고 사랑하기	자비 확산하기 (171쪽)	예: 분노에 휩싸여 있을 때 내 안의 자비로운 나와 연결하여 심신을 안정시킬 수 있다.
		자비 편지 쓰기 (174쪽)	예: 누구에게 말하기 어려운 일들로 인해 괴로울 때 스스로를 위안하는 글쓰기를 할 수 있다.
일곱째 날		자비 확산하기 (자신에게) (183쪽)	예: 내 안에 자비로운 마음을 확산할 수 있다.

여정	주제	훈련	나의 일상에 적용하기
일곱째 날	느끼고 사랑하기	자비 보내기 (타인에게) (184쪽)	예: TV에서 세계 여러 나라의 어려운 아이들을 보면서 일어나는 자비로운 마음을 보낼 수 있다.
여덟째 날	삶을 환영하기	삶의 의미 찾기 (193쪽)	예: 가슴 뛰는 소중한 삶의 의미를 되새길 수 있다.

4) 일상으로 자비를 가져갈 수 있는 나만의 표식 만들기

[예시]	
	• 일상에서 자비를 느끼는 시간을 마련하기 위해 알람 설정하기 • 자비심이 반영된 나만의 실 팔찌 만들기 • 자비가 함양된 나만의 자비로운 돌멩이 정하기

체험 작성

나만의 표식을 만든 후 작성해 봅시다.

• 어떤 자비의 표식을 만들었나요?

....

....

....

....

....

• 당신이 만든 자비의 표식이 어떤 순간에 도움이 될 수 있을까요?

....

....

....

....

....

●숙고하기●

잠시 눈을 감고 오늘 훈련 경험을 쭉 상기해 봅니다. 무엇을 깨달았나요?
마음을 정리하면서 적어 봅니다.

_____

_____

_____

_____

KEY POINTS

- 삶의 의미를 발견함으로써 바쁜 일상으로 돌아갔을 때에도 자
  비로운 나를 굳건히 할 수 있는 동기를 만들 수 있다.
- 자비의 상징이 되는 표식을 만들어 일상에서 자비를 자연스럽
  게 활성화시킬 수 있다.

'멈추고, 느끼고, 사랑하라'의 MLCP를 여정하는 동안 무엇을 경험했는지
마무리 소감을 작성해 봅시다.

....

....

....

....

....

....

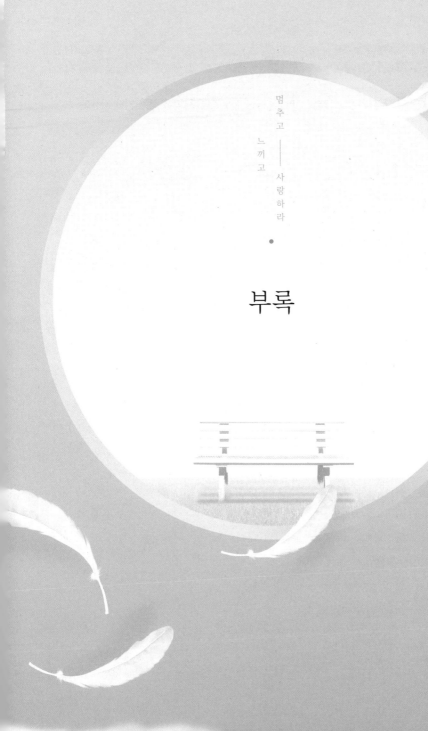

멈추고 ─────── 사랑하라

느끼고

부록

자비척도: LCS(Lovingkindness-Compassion Scale) (Cho et al., 2018)

다음은 평소 자신의 마음, 타인, 세상에 대한 질문입니다. 각 문항을 읽고 자신에게 해당하는 곳에 체크(✓)해 주세요.

	전혀 그렇지 않다	약간 그렇지 않다	보통 이다	약간 그렇다	매우 그렇다
1. 나의 마음은 안정되고 평온하다.	①	②	③	④	⑤
2. 누구를 만나든 마음이 흐뭇하다.	①	②	③	④	⑤
3. 타인에게 적대적이다.	①	②	③	④	⑤
4. 나보다 잘된 사람을 보면 시기하는 마음이 생긴다.	①	②	③	④	⑤
5. 나는 지금 이대로도 충분한 존재이다.	①	②	③	④	⑤
6. 나는 모든 존재에 대해 감사히 여긴다.	①	②	③	④	⑤
7. 나에게 상처를 준 대상에게 어떻게든 앙갚음 하려고 한다.	①	②	③	④	⑤
8. 어려움에 처한 사람을 보면 아무런 대가가 없어도 도움을 주고 싶다.	①	②	③	④	⑤
9. 내가 싫어하는 사람이라고 할지라도 그 사람이 고통을 받고 있는 것을 보면 안타까움이 일어난다.	①	②	③	④	⑤
10. 세상 사람들이 고통에서 벗어나길 바란다.	①	②	③	④	⑤
11. 나에게 이득이 없으면 도움이 필요한 사람을 봐도 모른 체한다.	①	②	③	④	⑤
12. 마음의 고통을 겪는 사람들을 보면 그들의 아픔에 공감이 간다.	①	②	③	④	⑤
13. 내게 도움이 되는 사람들하고만 관계를 맺는다.	①	②	③	④	⑤
14. 나는 모든 생명체가 서로 연결되어 있다고 여긴다.	①	②	③	④	⑤
15. 내가 필요할 때만 사람들과 관계를 맺는다.	①	②	③	④	⑤

☑ 하위요인

1) lovingkindness(사랑): 1, 2, 5, 6, 7*
2) self-centeredness(자기중심성): 3*, 4*, 11*, 13*, 15*
3) compassion(연민): 8, 9, 10, 12, 14
* 역채점

마음챙김 훈련일지

오늘의 훈련을 선택하고 그 경험에 대한 내용과 느낀점을 작성해 보세요.

날짜/요일/소요시간	(월 일/ 분)	(월 일/ 분)	(월 일/ 분)	(월 일/ 분)
호흡명상	아래의 훈련을 시작하기 전에 호흡명상을 하여 산란한 마음을 가라앉힙니다. (약 5~10분)			
	□ 호흡	□ 호흡	□ 호흡	□ 호흡
훈련내용 (택 1)	□ 소리 □ 신체 □ 생각 □ 감정 □ 자기 □ 타인 □ 동물/자연	□ 소리 □ 신체 □ 생각 □ 감정 □ 자기 □ 타인 □ 동물/자연	□ 소리 □ 신체 □ 생각 □ 감정 □ 자기 □ 타인 □ 동물/자연	□ 소리 □ 신체 □ 생각 □ 감정 □ 자기 □ 타인 □ 동물/자연
경험한 내용 및 느낀 점				

마음챙김 훈련일지

오늘의 훈련을 선택하고 그 경험에 대한 내용과 느낀점을 작성해 보세요.

날짜/요일/소요시간	(월 일/ 분)	(월 일/ 분)	(월 일/ 분)	(월 일/ 분)
호흡명상	아래의 훈련을 시작하기 전에 호흡명상을 하여 산란한 마음을 가라앉힙니다. (약 5~10분)			
	□ 호흡	□ 호흡	□ 호흡	□ 호흡
훈련내용 (택 1)	□ 소리 □ 신체 □ 생각 □ 감정 □ 자기 □ 타인 □ 동물/자연	□ 소리 □ 신체 □ 생각 □ 감정 □ 자기 □ 타인 □ 동물/자연	□ 소리 □ 신체 □ 생각 □ 감정 □ 자기 □ 타인 □ 동물/자연	□ 소리 □ 신체 □ 생각 □ 감정 □ 자기 □ 타인 □ 동물/자연
경험한 내용 및 느낀 점				

마음챙김 훈련일지

오늘의 훈련을 선택하고 그 경험에 대한 내용과 느낀점을 작성해 보세요.

날짜/요일/소요시간	(월 일/ (분)	(월 일/ (분)	(월 일/ (분)
호흡명상	□ 호흡	□ 호흡	□ 호흡
	아래의 훈련을 시작하기 전에 호흡명상을 하여 산란한 마음을 가라앉힙니다. (약 5~10분)		
훈련내용 (택 1)	□ 소리 □ 신체 □ 생각 □ 감정 □ 자기 □ 타인 □ 동물/자연	□ 소리 □ 신체 □ 생각 □ 감정 □ 자기 □ 타인 □ 동물/자연	□ 소리 □ 신체 □ 생각 □ 감정 □ 자기 □ 타인 □ 동물/자연
경험한 내용 및 느낀 점			

마음챙김 훈련일지

오늘의 훈련을 선택하고 그 경험에 대한 내용과 느낀점을 작성해 보세요.

날짜/요일/소요시간	(월 일/ 분)	(월 일/ 분)	(월 일/ 분)	(월 일/ 분)
호흡명상	아래의 훈련을 시작하기 전에 호흡명상을 하여 산란한 마음을 가라앉힙니다. (약 5~10분)			
	□ 호흡	□ 호흡	□ 호흡	□ 호흡
훈련내용 (택 1)	□ 소리 □ 신체 □ 생각 □ 감정 □ 자기 □ 타인 □ 동물/자연	□ 소리 □ 신체 □ 생각 □ 감정 □ 자기 □ 타인 □ 동물/자연	□ 소리 □ 신체 □ 생각 □ 감정 □ 자기 □ 타인 □ 동물/자연	□ 소리 □ 신체 □ 생각 □ 감정 □ 자기 □ 타인 □ 동물/자연
경험한 내용 및 느낀 점				

마음챙김 훈련일지

오늘의 훈련을 선택하고 그 경험에 대한 내용과 느낀점을 작성해 보세요.

날짜/요일/소요시간	(월 일/ 분)	(월 일/ 분)	(월 일/ 분)	(월 일/ 분)
호흡명상	아래의 훈련을 시작하기 전에 호흡명상을 하여 산란한 마음을 가라앉힙니다. (약 5~10분)			
	□ 호흡	□ 호흡	□ 호흡	□ 호흡
훈련내용 (택 1)	□ 소리 □ 신체 □ 생각 □ 감정 □ 자기 □ 타인 □ 동물/자연	□ 소리 □ 신체 □ 생각 □ 감정 □ 자기 □ 타인 □ 동물/자연	□ 소리 □ 신체 □ 생각 □ 감정 □ 자기 □ 타인 □ 동물/자연	□ 소리 □ 신체 □ 생각 □ 감정 □ 자기 □ 타인 □ 동물/자연
경험한 내용 및 느낀 점				

마음챙김 훈련일지

오늘의 훈련을 선택하고 그 경험에 대한 내용과 느낀점을 작성해 보세요.

날짜/요일/소요시간	(월 일/ 분)	(월 일/ 분)	(월 일/ 분)	(월 일/ 분)
호흡명상	□ 호흡	□ 호흡	□ 호흡	□ 호흡
	아래의 훈련을 시작하기 전에 호흡명상을 하여 선련한 마음을 가라앉힙니다. (약 5~10분)			
훈련내용 (택 1)	□ 소리 □ 신체 □ 생각 □ 감정 □ 자기 □ 타인 □ 동물/자연	□ 소리 □ 신체 □ 생각 □ 감정 □ 자기 □ 타인 □ 동물/자연	□ 소리 □ 신체 □ 생각 □ 감정 □ 자기 □ 타인 □ 동물/자연	□ 소리 □ 신체 □ 생각 □ 감정 □ 자기 □ 타인 □ 동물/자연
경험한 내용 및 느낀 점				

사건에 대한 마음챙김

좋았던 사건이나 안 좋았던 사건에 대해 마음챙김 훈련을 한 후 작성해 보세요.

• 어떤 상황이었나요? (가능한 한 구체적으로 작성해 보세요.)

....

....

....

• 그 사건을 떠올렸을 때 무엇을 경험했나요? (신체 감각, 생각, 감정)

....

....

....

• 그 당시 나에게 무엇이 채워지지 않았나요? 혹은 무엇이 채워졌나요?

....

....

....

• 느낀 점을 자유롭게 작성해 보세요.

....

....

....

....

사건에 대한 마음챙김

좋았던 사건이나 안 좋았던 사건에 대해 마음챙김 훈련을 한 후 작성해 보세요.

• 어떤 상황이었나요? (가능한 한 구체적으로 작성해 보세요.)

....

....

....

• 그 사건을 떠올렸을 때 무엇을 경험했나요? (신체 감각, 생각, 감정)

....

....

....

• 그 당시 나에게 무엇이 채워지지 않았나요? 혹은 무엇이 채워졌나요?

....

....

....

• 느낀 점을 자유롭게 작성해 보세요.

....

....

....

....

사건에 대한 마음챙김

좋았던 사건이나 안 좋았던 사건에 대해 마음챙김 훈련을 한 후 작성해 보세요.

• 어떤 상황이었나요? (가능한 한 구체적으로 작성해 보세요.)

....

....

....

• 그 사건을 떠올렸을 때 무엇을 경험했나요? (신체 감각, 생각, 감정)

....

....

....

• 그 당시 나에게 무엇이 채워지지 않았나요? 혹은 무엇이 채워졌나요?

....

....

....

• 느낀 점을 자유롭게 작성해 보세요.

....

....

....

....

....

안정 공간 만들기

안정 공간 떠올리기를 훈련하고 경험을 작성해 보세요(경험을 글로 표현해도 좋고, 나만의 안정 공간을 그림으로 표현해도 좋습니다).

안정 공간 만들기

안정 공간 떠올리기를 훈련하고 경험을 작성해 보세요(경험을 글로 표현해도 좋고, 나만의 안정 공간을 그림으로 표현해도 좋습니다).

나를 위한 자비 실천 목록(예시)

거울 보고 미소 짓기

잠들기 전에 수고했다고 말해 주기

좋아하는 음악을 들으면서 휴식하기

산책 나가서 천천히 걷기

하루 한 끼는 건강한 식사하기

휴대전화에 감사한 일 세 가지 쓰기

마음이 편안해지는 글귀 읽기

따뜻한 물에 샤워나 목욕하기

나를 위한 자비 실천 목록

_____

_____

_____

_____

_____

_____

_____

_____

나를 위한 자비 실천 목록

나를 위한 자비 실천 목록

_____

_____

_____

_____

_____

_____

_____

나를 위한 사랑의 편지 쓰기

멈추고,
느끼고,
사랑하라

나를 위한 사랑의 편지 쓰기

멈추고,
느끼고,
사랑하라

나를 위한 사랑의 편지 쓰기

멈추고,
느끼고,
사랑하라

나를 위한 사랑의 편지 쓰기

멈추고,
느끼고,
사랑하라

나를 위한 사랑의 편지 쓰기

멈추고,
느끼고,
사랑하라

참고문헌

강민규, 최윤정(2017). 단기 마음챙김 명상이 학교 폭력 가해 청소년의 공감 및 자기조절능력에 미치는 효과. **상담학연구**, 18(5), 191-212.

김수지, 안상섭(2009). 한국형 마음챙김 명상에 기반한 스트레스 감소 프로그램이 만성통증에 미치는 효과. **한국심리학회지: 문화 및 사회 문제**, 15(3), 359-375.

노승혜(2020). 자기비난의 자동적 처리에 대한 마음챙김-자비 프로그램(MLCP)의 개입 효과 및 치료 과정 검증. 영남대학교 대학원 박사학위논문.

류석진(2019). 사회불안에 대한 오프라인 및 온라인 마음챙김-자비 프로그램(MLCP)의 효과. 영남대학교 대학원 박사학위논문.

박경, 전진수, 정선용(2013). 한국형 마음챙김 명상 기반 스트레스 완화 프로그램(K-MBSR)이 유방암 환자의 심리적 증상, 수면 및 삶의 질에 미치는 효과. **스트레스연구**, 21(3), 249-262.

박예나, 김정호(2019). 마음챙김 명상 프로그램과 자비 수행을 추가한 마음챙김 명상 프로그램의 효과 비교: 만성근골격계 통증 환자를 중심으로. 스트레스연구, 27(4), 412-421.

박정민, 최인령(2016). 한국형 마음챙김 명상 프로그램이 중년 여성의 스트레스, 스트레스 대처 방식, 우울, 분노 및 수면에 미치는 효과. Journal of Korean Academy of Nursing, 46(2), 194-206.

붓다고사(2004). 청정도론 1~3(대림스님 역). 서울: 초기불전연구원.

심교린, 김완석(2018). 한국형 마음챙김에 기반한 스트레스 완화 프로그램(K-MBSR)이 노인의 통증 강도와 통증 파국화, 노인 우울에 미치는 영향: 여성 노인을 중심으로. 한국심리학회지: 건강, 23(3), 611-629.

이가영, 김은정(2016). 마음챙김 지시가 사회불안 성향이 있는 대학생들의 불안과 사후반추에 미치는 영향. Korean Journal of Clinical Psychology, 35(1), 165-193.

이원종, 전진수, 김영성, 김완석(2012). 한국형 마음챙김 기반 스트레스 감소 프로그램(K-MBSR)이 암환자의 혈압, 심리적 증상 및 삶의 질에 미치는 효과. 스트레스연구, 20(1), 1-9.

이창현, 조용래, 오은혜(2016). 발표불안에 대한 마음챙김 기반 노출치료의 효능 및 조절변인으로서의 기저선 우울 증상 심각도: 인지행동집단치료와의 비교. Korean Journal of Clinical Psychology, 35(2), 335-363.

이태선, 김정호(2010). 마음챙김 명상이 여고생의 근골격계 통증에 미치는 효과. 한국심리학회지: 건강, 15(2), 281-294.

이현숙, 황성훈(2018). 단 회기 마음챙김-자비 명상이 분노의 역기능적 표현과 반추에 미치는 영향. 한국심리학회지: 건강, 23(3), 631-655.

전소라, 손정락(2012). 마음챙김 기반 인지치료(MBCT)가 폭식 경향이 있는 대학생의 폭식 행동, 정서적 섭식, 정서 조절 곤란 및 감정표현불능증에 미치는 효과. 한국심리학회지: 건강, 17(4), 841-859.

정혜경, 노승혜, 조현주(2017). 마음챙김 자비 프로그램(MLCP)이 우울 경향 대학생의 우울, 반추, 마음챙김, 자기자비 및 사회적 유대감에 미치는 효과. 한국심리학회지: 건강, 22(2), 271-287.

조현주(2014). 자비 및 자애 명상의 심리치료적 함의. 인지행동치료, 14(1), 123-143.

조현주(2018). 심리치료에서 명상의 적용 범위. Korean Journal of Clinical Psychology, 37(3), 431-442.

조현주(2019). 심리치료 및 상담과 마음챙김 명상의 접점과 활용방안. 불교문예연구, 14, 11-54.

조현주, 김종우, 송승연(2013). 화병 환자의 자애 명상 치료적 경험 과정에 대한 연구. 한국심리학회지: 상담 및 심리치료, 25(3), 425-448.

조현주, 노지애, 이현예, 정성진, 현명호(2014). 초보 상담자들의 자기 성장을 위한 마음챙김 자비 프로그램 개발 및 효과. 청소년학연구, 21(12), 25-47.

Arch, J. J., Landy, L. N., Schneider, R. L., Koban, L., & Andrews-Hanna, J. R. (2018). Self-compassion induction enhances recovery from social stressors: Comparing adults with social anxiety disorder and healthy controls. Anxiety, Stress, & Coping, 31(5), 594-609.

Azam, M. A., Latman, V. V., & Katz, J. (2019). Effects of a 12-minute smartphone-based mindful breathing task on heart rate variability for students with clinically relevant chronic pain, depression, and anxiety: Protocol for a randomized controlled trial. JMIR Research Protocols, 8(12), e14119.

Baer, R. A. (2003). Mindfulness training as a clinical intervention: A conceptual and empirical review. Clinical Psychology: Science and

Practice, 10(2), 125-143.

Beaumont, E. A., Jenkins, P., & Galpin, A. J. (2012). 'Being kinder to myself': A prospective comparative study, exploring post-trauma therapy outcome measures, for two groups of clients, receiving either cognitive behaviour therapy or cognitive behaviour therapy and compassionate mind training. *Counselling Psychology Review, 27*(1), 31-43.

Beaumont, E., & Martin, C. J. H. (2013). Using compassionate mind training as a resource in EMDR: A case study. *Journal of EMDR Practice and Research, 7*(4), 186-199.

Bishop, S. J., Duncan, J., & Lawrence, A. D. (2004). State anxiety modulation of the amygdala response to unattended threat-related stimuli. *Journal of Neuroscience, 24*(46), 10364-10368.

Bishop, S. R. (2002). What do we really know about mindfulness-based stress reduction?. *Psychosomatic Medicine, 64*(1), 71-83.

Bostock, S., Crosswell, A. D., Prather, A. A., & Steptoe, A. (2019). Mindfulness on-the-go: Effects of a mindfulness meditation app on work stress and well-being. *Journal of Occupational Health Psychology, 24*(1), 127.

Bowyer, L., Wallis, J., & Lee, D. (2014). Developing a compassionate mind to enhance trauma-focused CBT with an adolescent female: A case study. *Behavioural and Cognitive Psychotherapy, 42*(2), 248-254.

Boyd, J. E., Lanius, R. A., & McKinnon, M. C. (2018). Mindfulness-based treatments for posttraumatic stress disorder: A review of the treatment literature and neurobiological evidence. *Journal of Psychiatry & Neuroscience, 43*(1), 7-25.

Braehler, C., & Schwannauer, M. (2012). Recovering an emerging self: Exploring reflective function in recovery from adolescent-onset psychosis. *Psychology and Psychotherapy: Theory, Research and Practice, 85*(1), 48-67.

Bruce, N. G., Manber, R., Shapiro, S. L., & Constantino, M. J. (2010). Psychotherapist mindfulness and the psychotherapy process. *Psychotherapy: Theory, Research, Practice, Training, 47*(1), 83.

Cho, H. J., Noh, Seunghye., Park, Sunghyun., Ryu, Seokjin., Misan, V., & Lee, J. S. (2018). The development and validation of the lovingkindness-compassion scale. *Personality and Individual Differences, 124*, 141-144.

Dalai Lama & Cutler, H. C. (1998). *The art of happiness.* New York: Riverhead.

Davidson, R. J., Kabat-Zinn, J., Schumacher, J., Rosenkranz, M., Muller, D., Santorelli, S. F., Urbanowski, F., Harrington, A., Bonus, K., & Sheridan, J. F. (2003). Alterations in brain and immune function produced by mindfulness meditation. *Psychosomatic medicine, 65*(4), 564-570.

Dunning, D. L., Griffiths, K., Kuyken, W., Crane, C., Foulkes, L., Parker, J., & Dalgleish, T. (2019). Research review: The effects of mindfulness-based interventions on cognition and mental health in children and adolescents-a meta-analysis of randomized controlled trials. *Journal of Child Psychology and Psychiatry, 60*(3), 244-258.

Eby, L. T., Allen, T. D., Conley, K. M., Williamson, R. L., Henderson, T. G., & Mancini, V. S. (2019). Mindfulness-based training interventions for employees: A qualitative review of the literature. *Human Resource Management Review, 29*(2), 156-178.

Engen, H. G., & Singer, T. (2015). Compassion-based emotion regulation up-regulates experienced positive affect and associated neural networks. *Social Cognitive and Affective Neuroscience, 10*(9), 1291-1301.

Fairfax, H. (2008). The use of mindfulness in obsessive compulsive disorder: Suggestions for its application and integration in existing treatment. *Clinical Psychology & Psychotherapy: An International Journal of Theory & Practice, 15*(1), 53-59.

Falcone, G., & Jerram, M. (2018). Brain activity in mindfulness depends on experience: A meta-analysis of fMRI studies. *Mindfulness, 9*(5), 1319-1329.

Felver, J. C., Tipsord, J. M., Morris, M. J., Racer, K. H., & Dishion, T. J. (2017). The effects of mindfulness-based intervention on children's attention regulation. *Journal of Attention Disorders, 21*(10), 872-881.

Figley, C. R. (2002). Compassion fatigue: Psychotherapists' chronic lack of self care. *Journal of clinical psychology, 58*(11), 1433-1441.

First, M. B., Williams, J. B., Karg, R. S., & Spitzer, R. L. (2015). *Structured Clinical Interview for DSM-5 Disorders, research version (SCID-5-RV).* Arlington, VA: American Psychiatric Association Publishing.

Garland, E. L., Manusov, E. G., Froeliger, B., Kelly, A., Williams, J. M., & Howard, M. O. (2014). Mindfulness-oriented recovery enhancement for chronic pain and prescription opioid misuse: Results from an early-stage randomized controlled trial. *Journal of Consulting and Clinical Psychology, 82*(3), 448.

Gilbert, P. (1989). Human nature and suffering. Hove, UK: Lawrence Erlbaum Associates Ltd.

Gilbert, P. (2009). The compassionate mind. London: Constable & Robinson.

Gilbert, P. (2014). 자비중심치료[*Compassion focused therapy*](조현주, 박성현 공역). 서울: 학지사. (원전은 2010년에 출판).

Gilbert, P., & Procter, S. (2006). Compassionate mind training for people with high shame and self-criticism: Overview and pilot study of a group therapy approach. *Clinical Psychology & Psychotherapy: An International Journal of Theory & Practice, 13*(6), 353-379.

Goldin, P. R., & Gross, J. J. (2010). Effects of mindfulness-based stress reduction (MBSR) on emotion regulation in social anxiety disorder. *Emotion, 10*(1), 83.

Green, S. M., & Bieling, P. J. (2012). Expanding the scope of mindfulness-based cognitive therapy: Evidence for effectiveness in a heterogeneous psychiatric sample. *Cognitive and Behavioral Practice, 19*(1), 174-180.

Hofmann, S. G., & Hayes, S. C. (2019). The future of intervention science: Process-based therapy. *Clinical Psychological Science, 7*(1), 37-50.

Hofmann, S. G., Sawyer, A. T., Witt, A. A., & Oh, D. (2010). The effect of mindfulness-based therapy on anxiety and depression: A meta-analytic review. *Journal of Consulting and Clinical Psychology, 78*(2), 169.

Hoge, E. A., Guidos, B. M., Mete, M., Bui, E., Pollack, M. H., Simon, N. M., & Dutton, M. A. (2017). Effects of mindfulness meditation on occupational functioning and health care utilization in individuals with anxiety. *Journal of Psychosomatic Research, 95*, 7-11.

Hölzel, B. K., Lazar, S. W., Gard, T., Schuman-Olivier, Z., Vago, D. R., & Ott, U. (2011). How does mindfulness meditation work? Proposing mechanisms of action from a conceptual and neural perspective. *Perspectives on Psychological Science, 6*(6), 537-559.

Jazaieri, H., Jinpa, G. T., McGonigal, K., Rosenberg, E. L., Finkelstein, J., Simon-Thomas, E., Cullen, M., Doty, J. R., Gross, J. J., & Goldin, P. R. (2013). Enhancing compassion: A randomized controlled trial of a compassion cultivation training program. *Journal of Happiness Studies, 14*(4), 1113-1126.

Judge, L., Cleghorn, A., McEwan, K., & Gilbert, P. (2012). An exploration of group-based compassion focused therapy for a heterogeneous range of clients presenting to a community mental health team. *International Journal of Cognitive Therapy, 5*(4), 420-429.

Kabat-Zinn, J. (1990). Full catastrophe living: Vsing the wisdom of your body and mind to face stress, pain and illness. New York: Delacorte.

Kabat-Zinn, J., Lipworth, L., & Burney, R. (1985). The clinical use of mindfulness meditation for the self-regulation of chronic pain. *Journal of Behavioral Medicine, 8*(2), 163-190.

Kaunhoven, R. J., & Dorjee, D. (2017). How does mindfulness modulate self-regulation in pre-adolescent children? An integrative neurocognitive review. *Neuroscience & Biobehavioral Reviews, 74,* 163-184.

Khoury, B., Lecomte, T., Fortin, G., Masse, M., Therien, P., Bouchard, V., & Hofmann, S. G. (2013). Mindfulness-based therapy: A comprehensive meta-analysis. *Clinical Psychology Review, 33*(6), 763-771.

Kirby, J. N., Doty, J. R., Petrocchi, N., & Gilbert, P. (2017). The current and future role of heart rate variability for assessing and training compassion. *Frontiers in Public Health, 5,* 40.

Kirby, J. N., Tellegen, C. L., & Steindl, S. R. (2017). A meta-analysis of compassion-based interventions: Current state of knowledge and future directions. *Behavior Therapy, 48*(6), 778-792.

Kocovski, N. L., Segal, Z. V., & Battista, S. R. (2009). Mindfulness and psychopathology: Problem formulation. In F. DiDonna (Ed.), Clinical handbook of mindfulness (pp. 85-98). New York: Springer.

Kornfield, J. (1979). Intensive insight meditation: A phenomenological study. *The Journal of Transpersonal Psychology, 11*(1), 41.

Kuyken, W., Byford, S., Taylor, R. S., Watkins, E., Holden, E., White, K., & Teasdale, J. D. (2008). Mindfulness-based cognitive therapy to prevent relapse in recurrent depression. *Journal of Consulting and*

Clinical Psychology, 76(6), 966.

Leary, M. R., Tate, E. B., Adams, C. E., Batts Allen, A., & Hancock, J. (2007). Self-compassion and reactions to unpleasant self-relevant events: The implications of treating oneself kindly. *Journal of Personality and Social Psychology, 92*(5), 887.

Longe, O., Maratos, F. A., Gilbert, P., Evans, G., Volker, F., Rockliff, H., & Rippon, G. (2010). Having a word with yourself: Neural correlates of self-criticism and self-reassurance. *NeuroImage, 49*(2), 1849-1856.

Lucre, K. M., & Corten, N. (2013). An exploration of group compassion-focused therapy for personality disorder. *Psychology and Psychotherapy: Theory, Research and Practice, 86*(4), 387-400.

Luo, X., Liu, J., & Che, X. (2020). Investigating the influence and a potential mechanism of self-compassion on experimental pain: Evidence from a compassionate self-talk protocol and heart rate variability. *The Journal of Pain, 21*(7-8), 790-797.

Lutz, A., Brefczynski-Lewis, J., Johnstone, T., & Davidson, R. J. (2008). Regulation of the neural circuitry of emotion by compassion meditation: Effects of meditative expertise. *PloS one, 3*(3), e1897.

Mayhew, S. L., & Gilbert, P. (2008). Compassionate mind training with people who hear malevolent voices: A case series report. *Clinical Psychology & Psychotherapy: An International Journal of Theory & Practice, 15*(2), 113-138.

McEwan, K., & Gilbert, P. (2016). A pilot feasibility study exploring the practising of compassionate imagery exercises in a nonclinical population. *Psychology and Psychotherapy: Theory, Research & Practice, 89*(2), 239-243.

Mrazek, M. D., Smallwood, J., & Schooler, J. W. (2012). Mindfulness and mind-wandering: Finding convergence through opposing constructs. *Emotion, 12*(3), 442.

Neff, K. D. (2003). The development and validation of a scale to measure self-compassion. *Self and identity, 2*(3), 223-250.

Noh, S., & Cho, H. (2020). Psychological and physiological effects of the mindful lovingkindness compassion program on highly self-critical university students in south korea. *Frontiers in Psychology, 11*, 26-28.

Omiwole, M., Richardson, C., Huniewicz, P., Dettmer, E., & Paslakis, G. (2019). Review of mindfulness-related interventions to modify eating behaviors in adolescents. *Nutrients, 11*(12), 2917.

Parra-Delgado, M., & Latorre-Postigo, J. M. (2013). Effectiveness of mindfulness-based cognitive therapy in the treatment of fibromyalgia: A randomised trial. *Cognitive Therapy and Research, 37*(5), 1015-1026,

Porges, S. W. (2003). The polyvagal theory: Phylogenetic contributions to social behavior. *Physiology & behavior, 79*(3), 503-513.

Segal, Z. V., Teasdale, J. D., Williams, J. M., & Gemar, M. C. (2002). The mindfulness-based cognitive therapy adherence scale: Inter-rater reliability, adherence to protocol and treatment distinctiveness. *Clinical Psychology & Psychotherapy, 9*(2), 131-138.

Segal, Z. V., Williams, J. M. G., & Teasdale, J. D. (2002). *Mindfulness-*

based cognitive therapy for depression. New York: Guilford Press.

Shahar, B., Szepsenwol, O., Zilcha-Mano, S., Haim, N., Zamir, O., Levi-Yeshuvi, S., & Levit-Binnun, N. (2015). A wait-list randomized controlled trial of loving-kindness meditation programme for self-criticism. *Clinical Psychology & Psychotherapy, 22*(4), 346-356.

Shapiro, S. L., Carlson, L. E., Astin, J. A., & Freedman, B. (2006). Mechanisms of mindfulness. *Journal of Clinical Psychology, 62*(3), 373-386.

Shapiro, S. L., & Schwartz, G. E. (2000). The role of intention in self-regulation: Toward intentional systemic mindfulness. In M. Boekarts, P. R. Pintrich, & M. zeidner (Eds.), *Handbook of self-regulation* (pp. 253-273). San Diego, CA: Academic Press.

Strauss, C., Taylor, B. L., Gu, J., Kuyken, W., Baer, R., Jones, F., & Cavanagh, K. (2016). What is compassion and how can we measure it? A review of definitions and measures. *Clinical Psychology Review, 47*, 15-27.

Tan, C. M. (2012). 너의 내면을 검색하라[*Search Inside Yourself*](권오열 역). 알키. (원전은 2012년에 출판).

Tang, Y. Y., Hölzel, B. K., & Posner, M. I. (2015). The neuroscience of mindfulness meditation. *Nature Reviews Neuroscience, 16*(4), 213-225.

Trompetter, H. R., de Kleine, E., & Bohlmeijer, E. T. (2017). Why does positive mental health buffer against psychopathology? An exploratory study on self-compassion as a resilience mechanism and adaptive emotion regulation strategy. *Cognitive Therapy and*

Research, 41(3), 459-468.

Valentine, E. R., & Sweet, P. L. (1999). Meditation and attention: A comparison of the effects of concentrative and mindfulness meditation on sustained attention. *Mental Health, Religion & Culture, 2*(1), 59-70.

Wang, Y. Y., Wang, F., Zheng, W., Zhang, L., Ng, C. H., Ungvari, G. S., & Xiang, Y. T. (2020). Mindfulness-based interventions for insomnia: A meta-analysis of randomized controlled trials. *Behavioral Sleep Medicine, 18*(1), 1-9.

Wegner, D. M. (1994). Ironic processes of mental control. *Psychological Review, 101*(1), 34-52.

Zeidan, F., Johnson, S. K., Diamond, B. J., David, Z., & Goolkasian, P. (2010). Mindfulness meditation improves cognition: Evidence of brief mental training. *Consciousness and Cognition, 19*(2), 597-605.

찾아보기

내용

저자 소개

조현주(Hyunju Cho)
고려대학교 심리학과 박사(임상 및 상담 전공)
임상심리전문가, 정신보건임상심리사 1급, 상담심리사 1급, 명상지도전문가,
인지행동치료전문가 등
전 천안 순천향대학교병원, 중앙대학교병원 임상심리수련감독자 및 연구교수
현 영남대학교 심리학과 교수

〈저서 및 역서〉
『자비중심치료』(공역, 학지사, 2014)
『한 명의 내담자, 네 명의 상담자』(공저, 학지사, 2019)
『성격심리학』(공역, 시그마프레스, 2013)
『최신 이상심리학』(공저, 사회평론아카데미, 2019)
『마음챙김과 자비』(공역, 학지사, 2020)

노승혜(Seunghye Noh)
영남대학교 심리학과 박사(상담전공)
현 영남대학교 초빙강사

류석진(Seokjin Ryu)
영남대학교 심리학과 박사(상담전공)
전 영남대학교 및 대경대학교 초빙강사
현 동국대학교 경주캠퍼스 학생상담센터장

이현예(Hyeonye Lee)
영남대학교 심리학과 박사수료(상담전공)
현 영남대학교 초빙강사

정현희(Hyeonhui Jeong)
현 영남대학교 심리학과 박사수료(상담전공)

멈추고, 느끼고, 사랑하라
자기 성장을 위한 마음챙김–자비 프로그램(MLCP)
Mindful Lovingkindness–Compassion Program

2021년 2월 25일 1판 1쇄 인쇄
2021년 2월 28일 1판 1쇄 발행

지은이 • 조현주 · 노승혜 · 류석진 · 이현예 · 정현희
펴낸이 • 김진환
펴낸곳 • ㈜**학지사**

04031 서울특별시 마포구 양화로 15길 20 마인드월드빌딩
대표전화 • 02-330-5114   팩스 • 02-324-2345
등록번호 • 제313-2006-000265호

홈페이지 • http://www.hakjisa.co.kr
페이스북 • https://www.facebook.com/hakjisa

ISBN 978-89-997-1755-0 03180

정가 13,000원

출판 · 교육 · 미디어기업 **학지사**

간호보건의학출판 **학지사메디컬** www.hakjisamd.co.kr
심리검사연구소 **인싸이트** www.inpsyt.co.kr
학술논문서비스 **뉴논문** www.newnonmun.com
원격교육연수원 **카운피아** www.counpia.com